O PODER DA GRAÇA QUE RESTAURA

O PODER DA GRAÇA QUE RESTAURA

Conselhos práticos para restaurar relacionamentos partidos

H. Norman Wright

& Larry Renetzky

Vida

Vida

EDITORA VIDA
Rua Isidro Tinoco, 70 Tatuapé
CEP 03316-010 São Paulo, SP
Tel.: 0 xx 11 2618 7000
Fax: 0 xx 11 2618 7030
www.editoravida.com.br

Originalmente publicado nos EUA com o título
Healing grace for hurting people
Copyright da edição brasileira ©2011, Editora Vida
Edição publicada com permissão da REGAL BOOKS,
uma divisão da Gospel Light
(Ventura, Califórnia, EUA)

■

■

Todas as citações bíblicas e de terceiros foram adaptadas segundo o Acordo Ortográfico da Língua Portuguesa, assinado em 1990, em vigor desde janeiro de 2009.

Editor responsável: Sônia Freire Lula Almeida
Editor-assistente: Gisele Romão da Cruz Santiago
Tradução: Maria Emília de Oliveira
Revisão de tradução: Noemí Lucília Soares Ferreira
Revisão de provas: Josemar de Souza Pinto
Projeto gráfico e diagramação: Karine dos Santos Barbosa
Capa: Arte Peniel

1. edição: ago. 2011

Dados Internacionais de Catalogação na Publicação (CIP)
(Câmara Brasileira do Livro, SP, Brasil)

Wright, H. Norman

O poder da graça que restaura: conselhos práticos para restaurar relacionamentos partidos / H. Norman Wright e Larry F. Renetzky; traduzido por Maria Emília de Oliveira. — São Paulo: Editora Vida, 2011.

Título original: *Healing Grace for Hurting People.*
ISBN 978-85-383-0211-7

1. Conflitos interpessoais - Aspectos religiosos - Cristianismo 2. Graça (Teologia) 3. Relações interpessoais - Aspectos religiosos - Cristianismo 4. Sofrimento - Aspectos religiosos - Cristianismo I. Renetzky, Larry. II. Título.

11-05600 CDD-248.86

Índices para catálogo sistemático:

1. Conflitos interpessoais: Poder da graça: Aspectos religiosos: Cristianismo 248.86

Sumário

Agradecimentos

Eu (Larry) quero louvar e agradecer a Deus por minha querida esposa, Carol, por seu amor, paciência, encorajamento e orações. Louvo e agradeço a Deus por meus filhos: Brian, Lisa e Laura.

Louvo e agradeço a Deus pelos guerreiros de oração e amigos que oraram e me incentivaram a escrever este livro: dr. Harold Olesen (Ginger), J. D. Davenport (Renate), dr. David Timm (Paula) e Jerry Chenault. Louvo e agradeço a Deus especialmente pelo dr. David Timm, que, além de ser guerreiro de oração e amigo, contribuiu grandemente para a escrita deste livro, oferecendo-me seu tempo e ideias, e digitando *e-mails* para mim.

Louvo e agradeço a Deus por meu coautor, dr. Norm Wright, que, três anos atrás, perguntou-me: "Como está indo o livro?". Ao descobrir que o livro não estava em andamento, ele se ofereceu para ajudar-me a escrevê-lo. Graças a seu interesse, motivação, zelo carinhoso e colaboração em geral, o livro foi concluído. Sua participação, ao lado do dr. David Timm, fez toda a diferença.

Quero expressar minha gratidão especial a todos os pacientes com quem tenho tido contato nas sessões de aconselhamento. Eles puseram em prática, com muito sucesso, os princípios de *O poder da graça que restaura* e tornaram possível a publicação deste livro. Este é um testemunho vivo para eles e um verdadeiro encorajamento e bênção para os leitores.

Sou imensamente grato a Deus e à direção e orientação do Espírito Santo.

O dr. Wright, eu e as outras pessoas aqui mencionadas esperamos que este livro abençoe cada leitor e promova o Reino de Deus em sua vida. Oramos por isso.

Prefácio

Louvado seja Deus porque este livro já abençoou várias pessoas, incluindo uma mulher cristã muito especial: minha nora, Tami Renetzky. Tami tinha 36 anos quando leu o capítulo 9 deste livro, antes de falecer de câncer, em 17 de dezembro de 2006. Ela foi criada em uma família sem estrutura, na qual a ira sobrepujava o amor. Depois de ler o capítulo 9, Tami ligou para mim e disse: "Pai, preciso perdoar meus pais e quero fazer isso agora". O telefonema foi dado um mês antes de sua morte. Três dias antes de morrer, ela disse: "Estou muito feliz por ter perdoado a mamãe e o papai. Sinto-me em paz agora e estou pronta para encontrar-me com Jesus".

Outra pessoa abençoada foi um homem com quem troquei ideias sobre a sinopse do livro. Sua reação foi esta: "Preciso perdoar meu irmão e minhas irmãs e quero fazer isso agora". Orei com ele naquele instante e orientei-o a pedir e receber a graça de Deus para que, por meio dela, ele pudesse perdoar seus irmãos. Quando fiz um rápido resumo do livro a um médico amigo meu, ele descobriu que precisava perdoar o pai e tomou a iniciativa de fazer isso.

Espero que, ao ler este livro, você também seja capaz de incorporar a graça que restaura em sua vida e relacionamentos e libertar-se do pecado, mágoas e rejeições do passado, do presente e do futuro. Acredite: a graça de Deus não apenas nos salva, mas também nos cura no ponto exato em que necessitamos ser curados. A graça de Deus cura as feridas do passado, fazendo-nos esquecer o modo pelo qual as outras pessoas nos magoaram, e cura também todos os nossos relacionamentos, para que ocorra a reconciliação. Só poderemos dar fim à raiva se perdoarmos como fomos perdoados por meio de Jesus Cristo. Sim, da mesma forma que fomos reconciliados com Deus por meio de Jesus, podemos nos reconciliar uns com os outros mediante essa mesma graça maravilhosa.

Há um hino que diz:

> Graça, graça,
> fonte de paz que Jesus me deu;
> Graça, graça,
> graça maior que o pecado meu.[1]

---

[1] JOHNSTON, Julia H. Graça de Deus. Hino 213 do *Hinário adventista*. Disponível em: <www.cvv.net.org>. Acesso em: 1 mar. 2010.

Introdução

Como a graça restauradora de Deus é aplicada nas feridas de pessoas emocionalmente machucadas? Este livro descreve o processo para que isso aconteça e os resultados alcançados. Ambos requerem a presença e o amor de Deus. Um bom exemplo disso é descrito a seguir (os nomes são fictícios):

Bill estava retornando de uma série bem-sucedida de cruzadas na África ocidental, quando sua mulher, Pat, informou-lhe que passaria algum tempo com o pai dela. Sem suspeitar de nada, Bill disse à esposa: "Tudo bem".

Enquanto ela estava a caminho da casa dos pais, Bill encontrou uma carta com a qual tomou conhecimento de que Pat vivia uma vida dupla. Depois de vinte e dois anos de casamento e duas filhas, ela não o amava mais. Na verdade, Pat se apaixonara pelo melhor amigo de seu marido. Ele era líder de adoração na igreja na qual Bill atuava como pastor. Bill sempre se referiu ao amigo como "meu guarda-costas". Agora, ele sentia que seu melhor amigo lhe fincara a faca da traição nas costas.

Um amigo emprestou a Bill um livro escrito pelo dr. James Dobson, intitulado *O amor tem que ser firme* [São Paulo: Mundo Cristão, 1996]. O livro foi útil, mas Bill enredou-se em um ciclo de raiva, amargura, ressentimento, depressão, insônia e desejo de vingança. Apesar dos conselhos para afastar-se de Pat, Bill tentou arrastá-la de volta para sua vida; isso, porém, a fez distanciar-se cada vez mais dele e das filhas. Pat foi visitá-los uma ou duas vezes, admitiu sua culpa aos presbíteros da igreja, mas sentiu-se pressionada até mesmo quando Bill tentou manter abertas as portas da reconciliação por meio de atos de perdão. Parecia que, quanto mais ele tentava demonstrar amor e perdão, mais o coração de Pat se tornava endurecido. Ela partiu novamente e deu início ao processo de divórcio.

Bill recorreu a mim (Larry), em busca de conselho para ajudá-lo a lidar, tanto em termos mentais como espirituais, com a raiva e a sensação de traição que o dominavam. Foi então que Deus lhe mostrou em sonho que a *graça que restaura* era a resposta para a angústia de Bill e de suas filhas. O sonho foi muito nítido:

> Bill e sua congregação estavam no templo, respirando com dificuldade em razão da fumaça que tomava conta do edifício. Bill ouviu o Senhor dizer que a fumaça era a vingança e a ira, e estavam prestes a explodir em chamas — todos deveriam abaixar-se para não inalar os gases tóxicos da fumaça. Todos seguiram o exemplo de Bill quando ele obedeceu às instruções de Deus e agacharam-se no chão.
>
> Foi então que Bill avistou uma porta na qual havia uma tabuleta com os seguintes dizeres: *Este é o caminho para o amor de Deus*. Ele tentou

> abrir a porta, mas estava trancada. Na maçaneta estava escrita a palavra "Ofensa", e na fechadura havia uma chave com uma etiqueta na qual se lia: "Perdão". Bill girou a chave, mas a porta não se movimentou.
>
> Naquele momento, as dobradiças da porta ficaram à mostra. Bill ouviu a voz amorosa de Deus: "As dobradiças representam a graça de Deus; tudo na vida articula-se por meio de minha graça". Bill segurou a maçaneta outra vez, e a porta foi aberta. Bill e sua congregação atravessaram a porta do perdão e da graça, e foram conduzidos a um santuário impregnado do ar fresco da presença e paz de Deus.

No dia seguinte, Bill construiu uma porta igual à que havia visto no sonho e usou-a para ilustrar seu sermão. A igreja inteira, incluindo Bill e suas filhas, atravessou a porta do perdão, e eles foram conduzidos ao amor e à graça de Deus, exatamente como haviam feito no sonho.

No decorrer da leitura deste livro, acreditamos que você também encontrará a graça restauradora de Deus para suas feridas, da mesma forma que Bill, suas filhas e aquela congregação inteira a encontraram.

Capítulo 1

Há esperança para você

Mary, uma mulher atraente e de personalidade expansiva, tinha desejo de se casar.[2] Não lhe faltavam pretendentes, mas seus relacionamentos não levavam a lugar nenhum. Começavam bem, e ela se enchia de esperança, mas, depois de alguns meses, o namoro esfriava. Mary não sabia se o problema era com ela ou com os rapazes que escolhia. Haveria feridas emocionais não identificadas na vida dela, ou na deles?

Judy, casada havia vários anos, entrou no casamento sob um regime de escravidão — não em relação ao marido, mas ao próprio pai. Durante anos, ele a molestara sexualmente, e isso fez que ela ficasse traumatizada. Suas feridas estavam profundamente enterradas. Aos poucos, o casamento entrou em crise. Haveria esperança de sobrevivência para aquele casamento?

As decisões de Ryan baseavam-se em agradar a seu pai. Na tentativa de ser aceito pelo pai, ele chegou a formar-se em medicina. No decorrer dos anos, Ryan cometeu erros — muitos erros. Teve um caso amoroso. Exibia um comportamento excêntrico em casa. Seu relacionamento com os colegas era tenso. A ira e a amargura faziam parte constante de sua vida.

Sarah tinha sido espancada durante muito tempo; primeiro, pelos pais e, depois, por seus quatro maridos e pelos filhos. Tentou o suicídio inúmeras vezes. Na última tentativa, ateou fogo em sua casa e nela própria. Foi milagre ela

---

2 Todos os nomes mencionados neste livro foram mudados para proteger a identidade das pessoas.

ter sobrevivido àquele episódio, mas, logo a seguir, fechou-se em si mesma como uma concha. Não se comunicava com ninguém e vivia sozinha. Haveria condições de Sarah sair do fosso onde se encontrava seu coração ferido?

A vida não estava indo bem para nenhuma dessas pessoas, e talvez não esteja indo bem para você também. Talvez você esteja perguntando: "Por que eu? Por que minha vida não muda? Conheço pessoas que passam por dificuldades, mas vejo muitas outras que não sofrem como eu. Claro, elas enfrentam problemas de vez em quando, mas minha vida parece ser uma dificuldade atrás da outra. O que há de errado comigo? Deve haver uma forma melhor de viver. Sei que há. Mas onde ela está? Nada dá certo para mim!".

Há muitas pessoas à procura de respostas para a vida. Sabemos que isso é verdade, em razão do sucesso de programas de televisão como *Oprah* e *Dr. Phil*, entre outros, e em razão da popularidade dos seminários e livros de autoajuda oferecendo informações sobre "como ser feliz". Ninguém pode dizer que não há bons conselhos e materiais ao alcance da mão. Há. Os relacionamentos saudáveis, porém, não são construídos sobre técnicas ou programas; *relacionamentos saudáveis são construídos sobre alguma coisa que transforma vidas.*

Aquela *coisa* que faz a vida dar certo

Neste livro, você conhecerá pessoas que descobriram aquela "coisa" que dá certo. A vida delas foi transformada. Você descobrirá o que aconteceu com Mary, Ryan, Judy, Sarah e outras pessoas que recorreram a nós, em busca de conselho. Verá que, em geral, elas lançaram mão de um dos seguintes artifícios para aliviar o desconforto: comiam exageradamente; envolviam-se em relacionamentos destrutivos; tinham explosões de raiva; entregavam-se a drogas, álcool ou pornografia para amortecer o sofrimento. Quase sempre se transformavam em pessoas deprimidas, ansiosas ou solitárias.

Ao ler suas histórias, você será capaz de garantir que escrevemos sobre sua vida. No entanto, tranquilize-se, não temos nenhuma informação sobre sua vida pessoal! Há muitas outras pessoas neste mundo que enfrentam os mesmos problemas que você. Tenha plena certeza de que Deus pôs a *graça que restaura* à sua disposição da mesma forma que fez com Mary, Ryan, Judy e Sarah. E é por causa dessa graça maravilhosa que temos esperança.

Há esperança para todos, e há esperança para *você*. Nada do que você fez ou do que outras pessoas fizeram para você é tão terrível que o impeça de receber a graça restauradora de Deus e a cura para suas feridas mais profundas. Nada, a não ser o orgulho pessoal e a relutância, poderá impedi-lo de receber perdão — *o perdão de Deus* — e de liberar perdão a quem o ofendeu.

A *cura* é uma jornada que começa quando alguém dá a chave de sua vida e você abre a porta, permitindo que todo sofrimento, rejeição, tragédia, ódio, ira, desconfiança e ressentimento saiam de vez de seu coração, para nunca mais o aborrecer ou escravizar. Ao dar o primeiro passo de fé nessa jornada para receber a graça de Deus, você aprenderá o que significa perdoar a si mesmo. E, enquanto percorre o caminho da graça que restaura, começará a amar a si mesmo, a amar os outros (não apenas tolerá-los) e a perdoar seus pais, irmãos, cônjuge, amigos e quem o ofendeu no passado.

Aqueles que sofreram violência sexual, física, emocional e/ou verbal serão, finalmente, capazes de perdoar o homem ou a mulher responsável por isso. Serão capazes de olhar para essas pessoas, não com desdém ou piedade, mas com empatia e compaixão verdadeiras, em razão da imensa necessidade que elas têm na vida. Entenderão que essas pessoas também necessitam da graça que restaura.

Segredos para a restauração

Nós nos apresentamos diante de você como conselheiros. Juntos, temos quase noventa anos de experiência em aconselhamento. Queremos compartilhar algumas verdades que funcionam. Não inventamos essas verdades; elas vêm da Palavra de Deus e podem mudar sua vida.

Um dos segredos para a restauração que discutiremos em detalhes é reconhecer que o verdadeiro problema baseia-se no "eu", não necessariamente nas circunstâncias. É verdade que o ambiente em que vivemos e também as pessoas negativas e destrutivas podem dificultar as mudanças, mas o ponto-chave é que temos uma escolha. O *eu* é, em geral, nosso maior inimigo. Ele nos mantém presos em uma perpétua camisa de força da escravidão. O *nós*, em geral, encontra caminho para nossa cura. Ao afastarmos o *eu* do caminho, somos capazes de abrir a porta de nosso coração e mente para a verdadeira cura do problema — e essa cura é a graça de Deus e o amor de Jesus Cristo. "Graça" é a palavra-chave que, aliada às seis frases de restauração que aprenderemos neste livro, mudará sua vida e seus relacionamentos.

A pessoa que se *apropria* da graça e da verdade é a que mais se beneficia delas. Lemos em Provérbios: "Os propósitos do coração do homem são águas profundas, mas quem tem discernimento os traz à tona" (20.5).

O aconselhamento é, em essência, a arte de cavoucar o coração e a mente para descobrir fatos passados que exercem influência no comportamento atual e, depois, tentar corrigir padrões recorrentes de pensamentos e sentimentos que produziram aquele comportamento indesejado. Esta é uma forma simplista de analisar o aconselhamento, mas foi o que Jesus fez, em grande parte, para levar as pessoas a entenderem quem é Deus e quem elas poderiam ser nele.

Jesus veio ao mundo para nos dar esperança e nos libertar do medo. A esperança e o medo são duas das maiores forças motivadoras na vida. Ambas podem produzir resultados capazes de transformar vidas. O medo é um poderoso motivador *negativo*; ele nos impulsiona para a frente e, ao mesmo tempo, inibe nosso progresso. O medo é como um nó corrediço que nos aperta lentamente quando nos movimentamos na direção contrária. O medo restringe nossas habilidades e nossos pensamentos e provoca reações de pânico. Mesmo quando estamos muito perto de alcançar o sucesso, nossos planos mais criativos e engenhosos podem ser sabotados pelo medo. No capítulo 3, analisaremos o medo, e como dominá-lo.

A esperança é uma poderosa força *positiva*. Assemelha-se a um ímã que nos atrai para o nosso objetivo. A esperança amplia os horizontes da vida e traz uma mensagem de possibilidade e mudança. Afasta-nos das más experiências do passado e mostra-nos experiências melhores no futuro. O vídeo da esperança reproduz cenários de sucesso. A esperança leva-nos a dizer: "Sou capaz de fazer isto e terei sucesso". A esperança sobrepuja todas as percepções de insegurança.

Jesus veio ao mundo para trazer esperança. Esperança é o que cada um de nós necessita. Lemos em Romanos:

"Que o Deus da *esperança* os encha de toda alegria e paz, por sua confiança nele, para que vocês transbordem de esperança pelo poder do Espírito Santo" (15.13, grifo nosso).

Deus conhece sua situação e preocupa-se com você. Ele tem a capacidade sobrenatural de tirá-lo do lugar onde você está e levá-lo ao lugar onde ele quer que você esteja. Um de nossos versículos prediletos diz que "se alguém está em Cristo, é nova criação. As coisas antigas já passaram; eis que surgiram coisas novas!" (2Coríntios 5.17).

Talvez você já conheça Jesus pessoalmente e esteja pensando: *Por que estou tendo problemas? Eu não deveria ser semelhante a Cristo, sem ter de submeter-me a aconselhamentos prolongados?* Entretanto, a realidade da vida cristã é que, embora tenhamos nascido de novo na família de Deus e ele nos tenha dado uma nova natureza, continuamos a viver em um corpo corrompido pelo mundo. Em Gálatas 5.16,17, Paulo diz que a carne trabalha contra o Espírito para não fazermos o que desejamos. Paulo também afirma em Romanos 12.2 que não nos devemos amoldar aos padrões do mundo, mas transformar-nos nas pessoas que Deus deseja que sejamos pela *renovação de nossa mente* com a Palavra de Deus.

O versículo-chave para a renovação da mente em sua jornada rumo à restauração encontra-se em Colossenses 3.13: "Suportem-se uns aos outros e *perdoem* as queixas que tiverem uns contra os outros. *Perdoem* como o Senhor lhes perdoou" (grifo nosso). Assim como fomos perdoados mediante a morte de Jesus na cruz, precisamos também perdoar os outros pelo poder de Cristo. O perdão é o segredo principal para a restauração. Temos acesso a ele por meio da graça restauradora de Deus. Perdoar os outros e perdoar a *si mesmo* fará toda a diferença.

Parece impossível? Jesus disse: "[...] para Deus todas as coisas são possíveis" (Mateus 19.26)!

Nós estamos aqui para caminhar a seu lado. Ocorre um fato interessante quando há uma pessoa caminhando a seu lado para mostrar a verdade que o poderá livrar de um estado de autopiedade e remorso, raiva e ressentimento ou sofrimento e dificuldade em perdoar. Essa mão amiga o poderá erguer e levar a um lugar de força, para que você seja capaz de viver da melhor maneira possível, conforme a vida planejada por Deus para você. Neste livro, você começará a identificar-se com as histórias de pessoas que superaram dificuldades tão grandes como a sua. Receberá esperança para resolver os problemas de sua vida. E *poderá* vencer derrubando todas aquelas barreiras para o sucesso — barreiras que até agora produziram consequências devastadoras ou tenham literalmente destruído sua vida e a vida dos que o rodeiam. Lembre-se: você não está sozinho. A cura está ao alcance de sua mão.

Quando a vida não vai bem

Algumas pessoas sentem que a vida não vai bem. Talvez achem que ela *nunca* esteve bem. Há aquelas que só percebem existir um problema quando alguma coisa que elas prezavam muito lhes é tirada. Pode ser o emprego, o cônjuge, um namorado ou namorada, um filho ou um bem material muito apreciado. Para algumas pessoas, o fato de se sentirem inferiorizadas na comunidade ou perante os amigos é mais importante que tudo na vida, e, quando isso ocorre, elas finalmente se dão conta da existência de um problema.

Não vamos escrever sobre situações hipotéticas. Todos os exemplos neste livro são verdadeiros. Os nomes das personagens e de alguns locais foram mudados para que sua verdadeira identidade não fosse revelada, mas as histórias são verídicas. As pessoas sobre as quais escrevemos nos deram permissão para que suas histórias fossem contadas e o pudessem ajudar a receber a graça que restaura.

E sua vida como está? Vai indo bem?

Talvez você tenha descoberto recentemente que seu marido anda vendo fotos pornográficas na internet. Você pediu que ele acabasse com esse costume, mas ele não a atendeu; por isso você pediu o divórcio. Vocês têm dois filhos, e você exigiu a custódia deles. Agora está sozinha pela primeira vez na vida, incapaz de tomar uma decisão. Externamente, seu marido está arrependido e disse desejar resolver a situação. Pediu a você que reconsiderasse a ideia do divórcio e está disposto a buscar aconselhamento. Entretanto, você não consegue ir adiante, e não tem coragem de voltar atrás.

A vida não vai bem.

Ou talvez você seja mãe de dois filhos e tenha um emprego excelente em uma empresa de grande porte. Contudo, nenhum de seus três casamentos deu certo. Você tem dificuldade de amar um homem e confiar nele. Tem medo de que cada homem seja uma réplica de seu pai, um homem perfeccionista, controlador e alcoólatra. Você vacilava entre ter medo dele e querer seu amor e aprovação. Ele era um pai ausente em termos emocionais; então, você acha que todos os homens são iguais a seu pai.

A vida não vai bem.

Talvez sua história seja mais ou menos esta: três anos atrás, você se separou de sua esposa depois de ela o ter despachado quando você teve um rápido caso extraconjugal durante uma bebedeira. Você recorreu aos Alcoólicos Anônimos, recuperou o bom senso, não ingeriu bebida alcoólica pelos últimos dois anos e meio e nunca mais olhou para outra mulher. Sua esposa, porém, não confia mais em você. Todas as vezes que você vai a uma sessão de aconselhamento, ela o quer cortar em pedacinhos. Você já tentou falar com ela várias vezes. Ela não deu entrada ao processo de divórcio, mas não quer fazer as pazes com você. Recentemente, você teve um problema grave na coluna que o tem impedido de trabalhar, mas sua mulher não o incluiu na apólice de seguro dela, embora vocês ainda estejam legalmente casados. Ela o tortura — e tortura a si mesma — por não conseguir esquecer o passado.

A vida não vai bem.

Quando Mark era criança, seus pais eram frios, indiferentes e queriam que ele fosse o melhor em tudo. Na tentativa de agradar-lhes, ele se sobressaiu em todos os aspectos intelectuais possíveis. Foi o orador oficial nos tempos de colégio. Graduou-se bacharel em física e fez pós-graduação. Tornou-se um professor bem-sucedido e chefe de departamento de uma universidade famosa. Mark chegou a ser presbítero em sua igreja. Mesmo assim, sua mulher e os três filhos não tinham intimidade com ele.

Assim como Mark, talvez você seja capaz de ensinar mecânica quântica e partículas de física de alta velocidade à sua família, mas não é capaz de lhes dar o que nunca recebeu na infância — amor e intimidade.

Talvez você esteja nas mesmas condições de outro homem que conhecemos. Paul tem pouco mais de 30 anos e é um homem de negócios bem-sucedido. Chegou ao nosso consultório acompanhado de seu pastor. Estava deprimido, tomado de ira e pronto para matar a esposa e suicidar-se; decidiu não matar a esposa nem suicidar-se porque não haveria ninguém para cuidar das três crianças. Paul aparenta ser o homem ideal: saudável, professor da escola bíblica dominical, diácono, diretor do departamento de evangelização, e assim por diante. Ele consegue tudo; a única coisa que ele não consegue fazer é ressuscitar alguém! Paul é invejado por todos os que desejam ser "espirituais". Tem também uma linda esposa com voz de anjo. Ela canta nos cultos de avivamento em vários lugares e é admirada e respeitada, tanto por homens como por mulheres. Há apenas um problema. Ela teve, e ainda tem, aventuras extraconjugais com pastores, líderes de corais e evangelistas — cinco, pelas contas de Paul. Ele é um homem de negócios bem-sucedido e atualizado, mas sua esposa se sente sozinha e busca meios de eliminar o sofrimento da solidão.

A vida não vai bem para nenhum deles.

Você entende o que a expressão "a vida não vai bem" significa porque, francamente, sua vida também não vai bem. Talvez se sinta insatisfeito, deprimido, acima do peso, mal-amado, ofendido, rejeitado. E pior, talvez seja um homem ou uma mulher de projeção em seu grupo de amigos — todos pensam que sua vida é um mar de rosas, mas por dentro você é um fracassado. Sabe que tudo não passa de fachada. Está vivendo uma mentira — uma vida maravilhosa na mente de alguém —, mas não está indo bem. É difícil demais enfrentar o(s) problema(s) e parar de esconder-se por trás de um rosto feliz. Mais adiante neste livro, abordaremos o problema que o fez chegar onde está e o que pode fazer para resolvê-lo. Falaremos sobre perdão — encontrar coragem para perdoar a si mesmo e todos os que o fizeram sofrer.

Portanto, se você acha que é uma daquelas pessoas cuja vida não vai bem, pare um pouco para pensar nos motivos desse fracasso. Antes, porém, dê a si mesmo o direito de ter expectativas melhores. Creia no fundo do coração existir alguma coisa ou alguém que poderá ajudar a fazer a diferença em sua vida. Rejeite a ideia de não haver mais nada para você além do emprego, da casa, dos jogos eletrônicos, do gato e do cachorro. Acredite que você pode ter um relacionamento bem-sucedido com alguém do sexo oposto. Acredite que *pode* ser uma pessoa realizada na vida. Acredite que há um propósito maior que sentir prazer. Acredite que pode ser alegre. Acredite que pode ser *curado*. Ver *não* significa acreditar. Em geral, é o oposto. Você só verá a diferença quando começar a acreditar que existe uma diferença.

Parabéns! Você deu o primeiro passo para receber a graça que restaura ao reconhecer que existe um problema e a possibilidade, talvez a mais remota de todas, de encontrar a solução. Talvez esteja começando a enxergar que está lidando com o(s) problema(s), ou situação, de maneira errada. Talvez esteja tentando *fugir* dele(s). Muitas pessoas tentam lidar com seus problemas dessa maneira — principalmente as pessoas descritas nos capítulos que seguirão.

Quando a vida não vai bem, a pessoa procura uma saída (em geral, no subconsciente) por meio de pornografia, sexo, más amizades, comida, álcool, drogas (tanto prescritas por médicos como ilegais), isolamento, raiva, suicídio, ou vive por trás de uma fachada aparentando ter tudo o que deseja. Esses meios de "fuga" do sofrimento e do medo levam a becos sem saída e armadilhas, chegando a escravizar as pessoas.

No capítulo 2, analisaremos com mais profundidade a razão de essas fugas não funcionarem. Elas afastam as pessoas cada vez mais da liberdade que procuram. Discutiremos o significado de viver sob regime de escravidão — estar na prisão construída por você — e como a graça restauradora de Jesus Cristo o pode libertar. Ele é o Autor da verdadeira liberdade. O apóstolo Paulo declara em Gálatas 5.1: "Foi para a liberdade que Cristo nos libertou. Portanto, permaneçam firmes e não se deixem submeter novamente a um jugo de escravidão". Jesus Cristo deseja nos libertar do passado e de nossos fardos pesados. Ele nos ama e nos valoriza muito, a ponto de ter morrido e ressuscitado para dar-nos essa liberdade.

Você tem uma escolha

Que valor você atribui a si mesmo? Bem, pense que Deus nos criou com a capacidade de escolher entre o certo o e errado. Damos a isso o nome de "livre-arbítrio". Deus valoriza tanto a nossa liberdade de decisão que não interfere em nossas escolhas. Esse é o verdadeiro amor. Ele deseja que escolhamos a vida por meio de Jesus Cristo, para sermos verdadeiramente uma nova criação em Cristo, para que por meio de Jesus, o Senhor, possamos fazer o que jamais conseguiríamos sozinhos (v. 2Coríntios 5.17; Gálatas 2.20).

Que circunstância está atravessando neste momento que está causando a você sofrimento emocional? Você culpa alguém por esse problema? Luta contra a raiva e a dificuldade em perdoar, permitindo que essas emoções afetem negativamente seu casamento, sua família ou outros relacionamentos? Você é capaz de assumir a responsabilidade pelos problemas de sua vida?

Se você se sente vítima da situação, lembre-se de que *não* foi por sua culpa que seus pais se divorciaram, se alguém o maltratou, se sua mãe o rejeitou ou o entregou para adoção, se você foi despedido do emprego ou se __________ (preencha o espaço). A maneira pela qual você reage a qualquer situação determinará se a vida está indo bem ou não. Não é possível eliminar o passado com todos os seus sofrimentos e mágoas; mas você pode decidir hoje que não viverá mais como vítima do passado. Pode assumir uma posição de receber hoje mesmo a graça que restaura.

Há forças sobre as quais não temos nenhum controle. Elas exercem influência em nossa vida e nos envolvem em determinadas situações. Os fatores variam e mudam com o tempo, de acordo com as diversas faces do inimigo neste mundo. Um deles, porém, é constante — como reagimos ao ambiente e às pessoas à nossa volta. *Podemos escolher* como abordar o problema e como pensar nos relacionamentos e nas questões importantes de nossa vida. Você pode não ser responsável pelo declínio moral de nosso país, mas é responsável por si mesmo. A vida não vai bem para grande parte de nossa sociedade, mas a vida pode trabalhar em seu favor se você estiver disposto a aprender, amadurecer e mudar.

Muitos fatos aconteceram em minha vida sem que eu (Norm) os tivesse previsto. Nunca imaginei um escritório ao lado do meu sendo explodido por terroristas, e deixados ali muitos mortos e feridos. No entanto, isso aconteceu.

Nunca imaginei que meu sócio fosse capaz de administrar tão mal nossos negócios, a ponto de me fazer perder quase tudo. Todavia, isso aconteceu.

Nunca imaginei que, em uma excursão, quando eu era um jovem diretor de colégio, um aluno fosse cair de um despenhadeiro de 120 metros e morrer. Isso aconteceu.

Vi quando carregaram seu corpo dentro de um saco, no lombo de um cavalo.

Nunca imaginei que minha filha, aos 20 anos de idade, se desviaria da vida cristã e fosse morar com namorados, passasse a usar cocaína e descaísse para o alcoolismo. Entretanto, isso aconteceu, e continuou a acontecer durante quatro anos.

Nunca imaginei que meu único filho nascesse com grave retardamento mental e lesões no cérebro e, depois, morresse subitamente aos 22 anos. Contudo, isso aconteceu.

E nunca imaginei que minha esposa, Joyce, teria um tumor maligno no cérebro. Mas isso também aconteceu.

Ao longo dos anos, minha esposa e eu aprendemos a verdade e o significado de muitas passagens da Palavra de Deus. Uma passagem em particular adquiriu vida no momento em que dependíamos dela cada vez mais: "Meus irmãos, considerem motivo de grande alegria o fato de passarem por diversas provações, pois vocês sabem que a prova [ou provação] da sua fé produz perseverança" (Tiago 1.2,3).

A versão *Amplified Bible* diz: "Deixem que a perseverança, a constância e a paciência exerçam ação completa e realizem a obra por inteiro, para que vocês possam ser [pessoas] desenvolvidas de maneira perfeita e total [sem nenhum defeito], sem que nada lhes falte" (v. 4, tradução livre).

O aprendizado para pôr essa atitude em prática é um processo longo. A passagem não diz: "reaja desta maneira imediatamente". Antes você precisa sentir a dor e o sofrimento e, depois, será capaz de considerá-los motivo de grande alegria.

O que significa o termo "considerem"? No estudo de comentários bíblicos, descobri que o termo refere-se a uma atitude interna do coração ou da mente que permite ao sofrimento e à circunstância da vida produzirem um efeito adverso ou benéfico em nossa vida. Tiago 1.2 poderia também ser traduzido desta forma: "Tomem a decisão de considerar a adversidade como se fosse um acontecimento bem-vindo ou como fonte de alegria".

Você tem o poder de decidir qual será sua atitude diante da provação. Poderá dizer: "É terrível! Totalmente perturbadora. É a última coisa que eu queria para minha vida. Por que teve de acontecer agora? Por que eu?".

A outra forma de "considerar" o mesmo problema é dizer: "Não é o que eu queria ou esperava, mas o problema existe. Vou passar por tempos difíceis; mas como extrair o melhor desta situação?". Não negue a dor ou o sofrimento por que terá de passar. Ao contrário, pergunte: "O que posso aprender com isso? Como posso crescer por meio disso? Como posso usar as provações para a glória de Deus?".

O tempo de verbo usado no termo "considerem" indica firmeza de ação. Não é uma atitude de resignação: *Eu desisto de lutar. Vou ter de conviver com este problema. A vida é assim*. Se você se resignar, ficará sentado sem fazer nada. Tiago 1.2 revela que é preciso lutar contra sua inclinação natural a fim de enxergar a provação como algo positivo. Haverá momentos quando você dirá a si mesmo: *Acho que existe uma forma melhor de reagir diante desta situação. Senhor, quero que me ajudes a enxergá-la por um ângulo diferente*. Então, sua mente mudará para uma reação mais construtiva. Em geral, isso exigirá grande esforço de sua parte. A descoberta da verdade contida no versículo em Tiago e em muitas passagens semelhantes o capacitará para ter uma perspectiva bíblica sobre a vida. E essa é a ferramenta fundamental de sobrevivência. Observe que eu não disse ser imediata a reação. Leva tempo.

Quanto maior for a perda e pior o trauma, mais tempo será necessário para ocorrer a restauração.

Deus nos criou com capacidade e liberdade de determinar como reagir diante dos incidentes inesperados da vida. Você gostaria que determinado evento jamais tivesse ocorrido; mas não pode mudar os fatos. No entanto, *pode* escolher a atitude a ser tomar. Há pessoas que escolhem ter uma vida infeliz e permitem que a voz dos críticos imaginários lhes domine os pensamentos e as mantenham desanimadas e escravizadas pelas emoções negativas; e há aquelas que escolhem ter *esperança*. Sempre há esperança. *Escolha* acreditar nisso.

Você também pode escolher perdoar e acreditar que o perdão traz a cura. Muitas pessoas decidem afundar-se no poço do rancor, permitindo que a amargura crie raízes em seu coração. Nesse lugar escuro, a luz da verdade não pode ser vista, e quem decide permanecer nas trevas torna-se cada vez mais egocêntrico, cada vez mais amargo. Você poderá chamar a isso fosso da autopiedade, porque não passa de um fosso. Trata-se de uma das várias prisões nas quais nos trancamos quando não buscamos a ajuda de Deus e de outras pessoas.

Falaremos deste assunto com mais detalhes no capítulo seguinte. Você conhecerá a vida daqueles que se libertaram das prisões autoimpostas de rancor, amargura, ódio de si mesmo e medo. Neste momento, você ou alguém que você ama poderá estar se sentindo confinado e sozinho em uma dessas prisões; mas, por favor, saiba que há pessoas, desconhecidas por você, que se importam com você e com a sua situação e o querem ajudar a viver em liberdade. Embora não o possamos ver em nossa clínica nem dar a você um telefonema de encorajamento, passamos centenas de horas compilando este livro para que você conheça a graça que restaura.

A falta de esperança na alma, a tristeza no olhar, a derrota resignada do espírito de um homem ou de uma mulher serão apenas temporárias se a pessoa quiser realmente ser curada. Você precisa ter em mente que o lugar onde se encontra hoje é apenas temporário. O futuro é brilhante para aqueles que se apossam da graça que restaura ou, melhor ainda, permitem que a graça restauradora se aposse deles.

Talvez você tenha sido rejeitado na infância. Talvez todos os seus amigos e familiares já tenham morrido. Talvez tenha sido banido da sociedade e viva na prisão. Sua vida, porém, continua a ser um dom. O desejo desta equipe ministerial é ajudar você a entender seu potencial e receber, bem como alcançar, a graça restauradora de Deus. Portanto, acompanhe-nos nesta longa aventura. A jornada é cheia de armadilhas, desafios e inimigos internos e externos, mas depois que você passar no teste, depois que estiver frente a frente com seu inimigo e vencer a batalha, será uma das pessoas curadas, e ninguém poderá arrebatar de você essa vitória.

Você é um vitorioso, não uma vítima — um vencedor, não um perdedor. É triunfante. Está passando pelo fogo purificador e sairá como a prata. Seu metal (e seu caráter) está sendo posto à prova, e suas impurezas estão sendo removidas. Mantenha-se ao lado daqueles que fizeram uma jornada semelhante. Nós o recebemos de braços abertos para ir ao encontro deles nessa jornada rumo à liberdade e ser uma pessoa realmente livre. Você nunca se arrependerá. Jesus disse: "E conhecerão a verdade, e a verdade os libertará" (João 8.32).

Capítulo 2

O que é graça que restaura?

A esta altura você deve estar curioso ou imaginando o que é graça. Do começo ao fim da Bíblia, a palavra "graça" é associada a *favor*, particularmente ao favor divino ou à ajuda sem nenhum merecimento, mas concedidos como um dom. Em seu livro *Maravilhosa graça*, Philip Yancey define graça desta maneira:

> A graça surge de tantas formas diferentes que tenho dificuldade em defini-la. Entretanto, estou disposto a tentar. *Graça significa que não há nada que possamos fazer para que Deus nos ame mais* — nenhuma porção de calistênicos espirituais e renúncia, nenhuma quantidade de conhecimento recebido em seminários e faculdades de teologia, nenhuma quantidade de cruzadas em benefício de causas justas. *E a graça significa que não há nada que possamos fazer para Deus nos amar menos* — nenhuma quantidade de racismo ou orgulho, pornografia ou adultério, ou até mesmo homicídio. Graça significa que Deus já nos ama tanto quanto é possível um Deus infinito nos amar.[3]

Você e eu somos semelhantes a uma conta bancária com fundos insuficientes. Estamos sempre devendo. E acabamos por nos desesperar. Se, no entanto, estamos caminhando com Cristo, fomos salvos pela graça e vivemos pela graça. John Ortberg, em *Amor além da razão*,

---

[3] São Paulo: Editora Vida, 2007, ed. rev. e atual., p. 64-65.

apresenta uma descrição clara do que a graça de Deus é capaz de fazer:

> Isso é graça para quem já se desesperou com o pecado. É a anulação de nossa montanha de dívidas morais. Se você já sentiu que há uma distância entre o que você é e aquilo para o que foi predestinado, sentiu-se como se não pudesse compensá-la, então recebeu graça. Deus assumiu a sua dívida e culpa e as cravou na cruz. Ele cancelou a dívida, destruiu a nota promissória, para que você pudesse ser eximido, libertado, absolvido. Hoje, você pode viver com o coração tão leve quanto uma pluma, não importa o que tenha feito ontem. Esse é o milagre da graça.[4]

A graça é totalmente gratuita. Não pode ser comprada. É imerecida e não pode ser reembolsada. Efésios 2.4,5 diz: "Todavia, Deus, que é rico em misericórdia, pelo grande amor com que nos amou, deu-nos vida com Cristo, quando ainda estávamos mortos em transgressões — pela graça vocês são salvos".

Deus não diz:

"Eu o amo *porque*..."

"Eu o amo *uma vez que*..."

"Eu o amarei *se*..."

"Eu o amarei *quando*..."

"Eu o amarei *depois que*..."

"Eu o amarei *desde que*..."

O amor de Deus nunca é condicional.[5]

---

4 São Paulo: Editora Vida, 2000, p. 150.

5 SEAMANDS, David. **Healing Grace**. Colorado Springs, CO: Victor Books, 1988, p. 115.

Em palavras mais simples, podemos dizer que a graça estende favor e bondade àquele que não a merece, e ela jamais poderá ser conquistada. Todas as vezes que você pensar na palavra "graça", pense que ela é imerecida, imerecida, imerecida.

A graça é concedida gratuitamente e não impõe condições.

O poder transformador da graça

Graça pode ser definida simplesmente como um dom gratuito de Deus que resulta em cura interior. Primeiro, ela cura seu pecado e, por conseguinte, cura seu passado, eliminando todas as mágoas e rejeição no momento em que você permite que Deus trabalhe em seu coração para o ajudar a perdoar assim como ele perdoou você. Graça é a disposição bondosa, o amor incondicional, a preocupação e o favor de Deus para você, seja qual for a circunstância — sim, seja qual for a circunstância. O maior dom da graça de Deus nos foi dado por meio de Cristo. Permita que estas palavras enterneçam seu coração:

> Graças à redenção de Cristo
> sou nova criação de infinito valor.
> Sou profundamente amado,
> estou completamente perdoado,
> estou totalmente satisfeito,
> sou totalmente aceito por Deus.
> Sou absolutamente completo em Cristo.
> Quando minhas atitudes
> refletem minha nova identidade em Cristo,
> esse reflexo é dinamicamente singular.
> Nunca houve outra pessoa igual a mim

na história da humanidade,
nem haverá.
Deus me fez uma pessoa original,
diferente de todas as outras,
uma pessoa especial.[6]

Deus declarou que você é uma pessoa especial. Efésios 1.4,5 diz: "Porque Deus nos escolheu nele antes da criação do mundo, para sermos santos e irrepreensíveis em sua presença. Em amor nos predestinou para sermos adotados como filhos, por meio de Jesus Cristo, conforme o bom propósito da sua vontade".

Por mais belas que sejam essas palavras, temos dificuldade de aceitá-las e de acreditar que se apliquem a nós. No entanto, quando estamos na graça de Deus — quando a recebemos e aceitamos —, ela começa a nos transformar. O próprio Deus a usa para curar-nos de todos os pecados, de todas as sensações de fracasso, de todos os sofrimentos do passado, por menores que eles sejam. Por isso escrevemos sobre a *graça que restaura*. Queremos que você se aproprie imediatamente da graça e deixe de considerá-la uma palavra religiosa e repetitiva. Queremos que você *experimente* a graça. Deus quer que você a experimente! E não apenas como uma simples atitude emocional, mas como um estilo de vida, como se fosse algo que você respira, vive e *passa adiante*.

Somos beneficiados com a graça quando *passamos adiante* o que recebemos. Concentrar-se em outra pessoa é, às vezes, o primeiro passo para vencer o sofrimento da depressão, solidão e desespero. Tudo aquilo em que você

---

6 McGEE, Robert S. My Identity in Christ. **The Search for Significance**. Nashville, TN: Thomas Nelson Publishers, 2003.

se concentra torna-se maior. Se você se concentrar em si mesmo e em seus problemas, eles aumentarão dentro de seu coração e mente. O xis da questão é que as muitas inquietações e derrotas têm por causa a concentração no "eu". Se você está cansado de se concentrar em seus erros e nos erros que outras pessoas cometeram em relação a você, a graça que restaura está à sua disposição. Ela está à sua disposição para você recebê-la gratuitamente e passá-la adiante gratuitamente.

Apesar de termos escrito este livro com o pensamento voltado para você e sua cura, nós também o escrevemos com o pensamento voltado para as pessoas que ofenderam você. Enquanto atravessa o processo de restauração, você descobrirá que grande parte dessa restauração diz respeito a perdoar os outros da mesma forma que você foi perdoado. Perdão é graça em ação, graça que transforma. É a graça que cura corações e restaura relacionamentos.

A prática da graça que restaura

"Graça" é uma palavra de restauração à qual nos referiremos ao longo deste livro. Além disso, vamos nos referir às seis frases restauradoras:

"Eu estava errado."

"Você estava certo."

"Sinto muito."

"Eu o perdoo."

"Por favor, perdoe-me."

"Eu amo você".

Leia essas frases com atenção e separe um tempo para anotá-las. Coloque a lista em lugar que possa vê-las com frequência. Esperamos que elas comecem a "temperar" seu vocabulário. Com o tempo, essas frases se tornarão automáticas, proferidas facilmente em momentos de necessidade. Provérbios 25.11 diz: "A palavra proferida no tempo certo é como frutas de ouro incrustadas numa escultura de prata".

Você acha que poderá usar essas palavras na próxima vez que tiver um conflito com alguém que o costuma ofender? O que acontece quando você pensa em seu pai ou sua mãe, seu cônjuge ou outra pessoa importante para você que o tenha maltratado ou desprezado? Talvez pareça impossível neste momento, mas acreditamos que, quando terminar a leitura deste livro, com a graça de Deus e com o coração disposto a mudar, você será capaz de proferi-las e transmitir graça até mesmo a seus piores ofensores.

Evidentemente, o desejo de mudar é essencial antes de a mudança verdadeira ocorrer. Outro fator decisivo para qualquer mudança significativa é reconhecer a origem do problema. Provérbios 23.7 diz: "Porque, como [o homem] imagina em sua alma, assim ele é" (*ARA*). Não podemos aplicar um esparadrapo em nossos problemas e feridas profundas; ao contrário, precisamos enfrentar os problemas verdadeiros por meio da graça restauradora de Deus.

Nosso coração tem a tendência de fazer coisas destrutivas quando a vida não vai bem. Quando permitimos à luz de Cristo sondar o nosso coração, podemos ver o que se encontra na raiz de nosso comportamento destrutivo e pensamentos recorrentes. Assim que a origem do sofrimento e do(s) problema(s) for revelada e a graça de Deus estiver ao alcance da mão, nosso coração começará a ser restaurado. E assim que o coração mudar, a mente aceitará a verdade e começará a aplicar a graça às situações reais da vida.

A história de Ryan

Ryan cresceu em um ambiente onde o desempenho era o aspecto mais importante da vida. Seu pai comunicava-se com ele por meio de ações (ou palavras): "Eu o amo quando você faz tudo o que peço". Enquanto isso, Jesus diz: "Eu o amo porque optei por amar você" (v. João 15.12,13,16).

O pai de Ryan zangava-se quando o filho apresentava um desempenho que não fosse perfeito. Enquanto isso, Jesus diz que os cansados e sobrecarregados devem recorrer a ele, e ele lhes dará descanso (v. Mateus 11.28-30).

O pai de Ryan zangava-se quando o filho se mostrava frustrado ou se tornava rebelde. Enquanto isso, Jesus mostra compaixão por nós e, quando ouve nossas orações, ele certamente nos perdoa e estende sua graça sobre nós (v. 1João 1.9).

É desnecessário dizer que as expectativas do pai de Ryan levaram o filho a entender que só devia aceitar a si mesmo se tivesse um bom desempenho, e isso também se aplicava a todas as pessoas que tentavam relacionar-se com ele. Somente muito tempo depois, quando Ryan pôs Cristo no centro de sua vida, ele se libertou da exigência de perfeição.

Na juventude, Ryan saiu de casa, conseguiu um emprego e casou-se. Continuou a lutar com o problema de só aceitar a si mesmo se tivesse um bom desempenho e se o mesmo acontecesse com as outras pessoas que tentavam relacionar-se com ele. O curso de medicina foi uma oportunidade para ele adquirir um pouco de autoestima. No entanto, quanto mais perfeito fosse o seu desempenho, maior atenção ele queria. Ryan continuou a ter problemas com a ira. Isso lhe custou caro em termos de relacionamento com os colegas. Tornou-se perfeccionista porque não conseguia amar a si mesmo de maneira saudável nem amar as outras pessoas com todas as suas falhas. Seus relacionamentos se deterioraram, a ponto de quase se extinguirem. O modo errado de pensar desenvolvido por Ryan quando ainda era criança continuou por décadas, e as perdas sofridas por ele se multiplicaram.

Surpreendentemente, a luz vermelha não piscou para Ryan nem mesmo naquela época. O erro estava sempre em alguém que não se adaptasse a ele ou não quisesse sua companhia. Ele era a vítima. Não conseguia ver seu modo errado de pensar e de se comportar como ponto obscuro e fonte de toda a situação. Considerava-se uma pessoa "normal", ou pelo menos normal do ponto de vista médico. O mais incrível foi sua mulher aceitar um breve caso extraconjugal que ele tivera no início do casamento. Tolerou seu mau humor e os próprios sentimentos de insegurança que lhe sobrevieram por não saber a que horas ele voltaria para casa. Com muita paciência e carinho, ela finalmente sugeriu ao marido a busca de um conselheiro.

O primeiro conselheiro a quem ela telefonou não estava no consultório, mas o final da gravação dizia: "Deus o abençoe, ligue novamente". Antes de telefonar, a mulher de Ryan não tinha ideia de que o conselheiro era cristão, mas sabia que ele poderia ajudar seu marido. Ryan concordou com relutância em consultar o conselheiro e, depois de um ano e meio de visitas regulares, ele quebrou as correntes da ira, amargura e ressentimento.

Ao *receber a graça de Deus*, Ryan foi capaz de desvencilhar-se das armadilhas do perfeccionismo, da obsessão e do comportamento controlador. Foi capaz também de libertar-se das expectativas perniciosas de seu pai. A graça impregnou-o com a capacidade de separar a pessoa do comportamento, e ele deixou de levar o assunto para o lado pessoal quando seu pai demonstrava estar decepcionado com ele. Reconheceu que a paciência e a aceitação, bem como o perdão, são necessários para libertar-nos das garras de alguém.

O pai de Ryan, contudo, ainda não conseguiu romper o ciclo da insegurança e da rejeição que sente até mesmo do próprio filho. Precisa liberar Ryan e as mentiras sobre as limitações dele próprio. Por meio da graça de Cristo, ele poderia fazer isso e ser transformado, ser restaurado e, acima de tudo, ser libertado.

Hoje Ryan tem a vida que, desde o início, foi planejada por Deus para ele e para sua mulher. Eles ainda têm problemas, mas com a ajuda de Deus estão aptos a resolvê-los juntos. Ambos têm a vida plena prometida por Jesus a todos nós. Estão livres para apreciar um ao outro e apreciar as outras pessoas, mesmo com todas as suas imperfeições (v. Êxodo 20).

Deus é capaz de fazer coisas extraordinárias, e as concede em abundância — coisas que estão além de tudo o que podemos pensar ou pedir (v. Efésios 3.20). Houve um tempo quando a vida não estava indo bem para Ryan; mas agora ela vai bem.

A história de Mary

A vida também não ia bem para Mary. Ela havia orado durante anos pedindo a Deus um relacionamento melhor com os homens; mas não teve sucesso. Havia uma coisa que Mary precisava fazer: mudar de atitude. Seus sentimentos eram de negativismo, de ira, desilusões e pessimismo. Achava que sua vida jamais seria melhor; nunca encontraria um homem, nunca se casaria, nunca seria feliz.

Com a ajuda de aconselhamento cristão, Mary descobriu que nunca havia lidado com seus sentimentos a respeito do pai. Sentia que ele a rejeitara e se decepcionara porque ela não era um menino. Mary nunca se aproximou do pai emocionalmente. Na verdade, eles pareciam viver a quilômetros de distância um do outro. Mary começou a enxergar uma correlação entre o fato de não se envolver emocionalmente com os homens que namorava e o fato de nunca se ter aproximado emocionalmente do pai. O que ela poderia fazer quanto a isso?

Mary queria ser curada de seu passado. Por sentir-se tão magoada pela rejeição do pai, ela descobriu que, por meio de Jesus, poderia fazer algo que não conseguiria sozinha: perdoar o pai, perdoar a si mesma e perdoar os homens com quem se envolveu e que a magoaram e decepcionaram. Com isso, Mary foi capaz de estender ao pai a mesma dádiva da graça que recebeu de Deus.

A vida começou a dar certo para Mary. Sua atitude passou a ser mais positiva e esperançosa. Aproximar-se em emoção do homem que estava namorando tornou-se mais fácil para ela. Libertou-se emocionalmente para oferecer o que tinha de melhor e também receber. Depois de alguns meses, o namorado de Mary pediu-a em casamento. O amor entre eles continuou a crescer, e alguns meses depois eles se casaram.

A vida melhorou para Mary em seu relacionamento com o marido e também com o pai. Ela conseguiu aproximar-se do pai e contar-lhe quanto ele a magoara emocionalmente e quanto ela se sentira rejeitada por ele.

O pai desculpou-se e demonstrou estar arrependido. Isso significou tudo para Mary! Ficou muito agradecida pela graça de Deus, por meio da qual pôde perdoar o pai e encontrar a coragem para dele se aproximar. Ambos começaram a conviver de maneira saudável. Agora, louvam a Deus e agradecem a graça divina que os salvou e salvou o relacionamento entre eles.

O que aconteceu a Ryan e a Mary foi graça restauradora em ação. Suas histórias ilustram o significado de aceitar a graça concedida por Deus a nós e a graça de nós a oferecermos a outra pessoa. É assim que os corações feridos são curados e os relacionamentos rompidos são restaurados.

Não mais uma vítima

Agora, deixe de lado o que aconteceu na vida dessas pessoas e analise como está indo a sua vida. Alguns de vocês são vítimas das escolhas malfeitas e têm muita dificuldade em admitir isso. Pense um pouco nesse aspecto. Coloque o livro no colo e ore sobre o assunto imediatamente e só volte a ler o livro quando aceitar o fato de algumas escolhas erradas ou pensamentos nocivos de sua parte poderem estar contribuindo para o seu sofrimento. (Nos capítulos seguintes, discutiremos o fato de ser necessário assumir responsabilidade por nossas atitudes e ações.)

Nem todas as pessoas são vítimas de suas escolhas. Algumas são vítimas notórias de maus-tratos e erros ou pecados de outras pessoas, principalmente das que lhes são muito próximas. Se essa for a sua história, saiba que a graça que restaura está disponível para todos, até mesmo para quem o ofendeu.

Se seu problema for a ira, o medo, a incompetência, a dependência química ou a pornografia, a mensagem que precisa ouvir é esta: você também pode apresentar-se para receber a vida plena posta à sua disposição por Deus. A graça restauradora de Deus é suficiente para a sua cura (v. 2Coríntios 12.9). Algumas pessoas precisam mudar inteiramente a maneira de pensar sobre si mesmas e sobre o amor de Deus para elas. Outras precisam apenas receber o dom da graça de Deus. Ninguém tem de continuar a ser vítima.

A graça que restaura capacita-nos para mudar de sentimento: deixamos de ser vítimas das ações dos outros e passamos a ser vencedores em Cristo. Pelo poder do Espírito Santo e pela obra transformadora da Palavra de Deus, podemos abandonar os pensamentos negativos e ter atitudes condizentes com alguém que tenha recebido a graça de Deus. Deixamos de nos odiar e aprendemos a amar e perdoar a nós mesmos e os outros, porque Cristo nos ama incondicionalmente.

Abandonamos o hábito de culpar os outros por nossos problemas e livramo-nos da escravidão do rancor. Deus quer que você pare de chafurdar no ressentimento.

Quando você recebe o favor imerecido do Deus Altíssimo, sente que sua alma foi curada! Nunca mais esse lugar de quebrantamento em sua vida será uma fenda na qual crescerão raízes de amargura, mas será uma fonte da qual fluirá graça para os outros. Assim como Ryan, Mary e outras pessoas cujas histórias serão descritas neste livro, você sentirá a alegria por ter sido libertado de sentimentos que o confinaram durante anos e buscará estender o favor do perdão não merecido a quem o ofendeu.

O autor da graça que restaura

"Graça que restaura" não é uma expressão mágica ou filosofia recomendada por nós como mais uma ferramenta de autoajuda. E nós (Norm e Larry) não somos os autores da suprema graça que restaura. Esperamos que este livro o ajude a recorrer ao Autor verdadeiro — Cristo — e à graça eterna por ele concedida.

A premissa para *graça que restaura* é que Jesus Cristo tem de governar o coração da pessoa para que a verdadeira restauração ocorra. O capítulo seguinte apresentará um resumo das consequências da vida governada pelo "eu", não por Cristo. Quando Cristo é o centro de sua vida, a graça flui livremente dele para você e, por meio de Cristo em você, flui também para os outros. Ele se torna a fonte de água viva e o pão da vida. Jesus passa a ser o centro de seu universo. Os problemas tornam-se menores, mais fáceis de ser resolvidos e, quando processados por intermédio de Jesus, não representam ameaça à sua existência e ao seu valor pessoal.

Jesus diz: "Siga-me. Eu sou. Eu estarei. Não tema. Creia" (v. Mateus 4.19; 16.24; 19.21; João 10.27; Isaías 41.10; 46.9; 55.11; Josué 1.9) e "Você pode!" (v. Marcos 9.23). Quando você permite que Jesus controle sua vida, os resultados são surpreendentes.

No século XVII, houve um homem que descobriu um princípio fascinante. O matemático, astrônomo e físico holandês Christiaan Huygens inventou o relógio de pêndulo e começou a fabricá-lo para vender. Uma noite, enquanto estava deitado na cama, ele notou que todos os pêndulos estavam balançando em uníssono, embora ele tivesse certeza de que não havia sincronizado o movimento daqueles relógios. Huygens levantou-se da cama e reiniciou todos eles. Depois de pouco tempo, eles começaram a balançar juntos novamente. Anos depois, os cientistas descobriram que o relógio maior, com o ritmo mais forte, forçava todos os outros pêndulos a se movimentarem em sincronia com ele. O pêndulo biológico mais forte em seu corpo é o seu coração, e ele age como os relógios. Tem capacidade para levar todo o seu corpo a bater no ritmo dele. Quando seu coração está em paz, quando é governado por Cristo, o corpo inteiro sente a influência de sua presença. No entanto, se o "eu" ocupar o centro de seu coração, sua vida não terá sincronismo.

Espiritualmente falando, quando Jesus ocupa o centro de sua vida ou de seu coração, a presença dele e sua paz são transmitidos a todos os aspectos de sua vida, ou seja, a seu corpo, mente e relacionamentos. Se Jesus estiver no centro, você se surpreenderá com a diferença![7] E, quando Jesus está no centro de sua vida, tudo o que você faz e diz reflete a sua graça, definida por nós como dom do amor e perdão incondicionais de Deus por intermédio de Jesus Cristo. A graça de Deus restaurará sua vida, e você ajudará a restaurar outras pessoas por meio dessa mesma graça. Fique conosco, porque o melhor ainda está por vir — e o melhor é o que Deus vai fazer em sua vida por meio do poder de sua graça restauradora.

Repita a oração a seguir para iniciarmos esta jornada juntos:

---

[7] Colbert, Don, M.D. **Deadly Emotions**. Nashville, TN: Thomas Nelson, 2003, p. 147-148.

Ó DEUS,
Ajuda-me. Estou perdido. Estou faminto.
Estou sofrendo.
Muitas pessoas me fizeram sofrer.
Meu cônjuge, meus pais e até meus filhos.
Sei que preciso perdoar para ser perdoado.
Sei que preciso oferecer graça para receber graça.
Ensina-me, Senhor, tudo o que preciso fazer.
Dá-me força, Senhor, para fazer isso.
Ensina-me, Senhor, a confiar em ti.

Capítulo 3

Quem ocupa o trono de sua vida?

Saddam Hussein é considerado um dos líderes mais cruéis na história do mundo. Ele se iguala a Ramsés, Nabucodonosor, Nero, Alexandre, Stalin, Mussolini, Hitler, Pol Pot e Idi Amin. Saddam fez o possível para eliminar o povo do norte do Iraque — os curdos — com gás asfixiante. Quando foi inquirido pela Organização das Nações Unidas e pelos Estados Unidos a respeito da destruição em massa de armamentos, ele demonstrou indiferença passiva em vez de condescendência.

Saddam alegava que uma confrontação militar com ele resultaria na "mãe de todas as batalhas". Retrucava com palavras hostis e atos covardes, colocando crianças nos edifícios que seriam atacados pelas forças de coalizão e tentava conquistar o apoio emocional do mundo ao mostrar as fotografias dos inocentes mortos. Ele e seus filhos sequestravam mulheres, assassinavam seus maridos, estupravam as mulheres e também as assassinavam. Se alguém fosse suspeito de ser inimigo, seria torturado e morto.

Era comum encontrar sepulturas em massa no Iraque. Muitas famílias não sabem até hoje onde estão enterrados os corpos das pessoas que tanto amavam. Saddam e seus filhos desviaram para fora do país bilhões de dólares provenientes da venda de petróleo. Quando foram atacados pelas forças de coalizão, permitiram que um exército inexpressivo fosse aniquilado e os poços de petróleo fossem destruídos a fim de retardar o ataque.

Depois de uma busca longa e árdua, Saddam foi encontrado em um buraco cavado no chão onde estava vivendo como um rato, escondido e amedrontado. Após ter sido preso, ele teve a audácia de impor condições e agrediu verbalmente o juiz que presidia a causa pela qual era julgado. A sentença decretada foi morte por enforcamento. Talvez sua morte tenha sido considerada um tipo de reparação pelas atrocidades cometidas por ele no passado. Saddam era um sociopata, e seu fim foi o resultado de uma vida dedicada a apenas uma coisa: EU.

Na década de 1960, a ideia de dar destaque ao "eu" em todas as publicações, em todos os meios de comunicação e em todas as decisões políticas ou econômicas caiu no gosto popular. Nosso mundo passou a ser consumista. E o que vemos na TV hoje? — "Você merece. Por que esperar? Dê agora esse prazer a si mesmo."

Há até uma revista feminina chamada *Self* [Eu]. Talvez seja uma boa publicação, mas o título dá a ideia de que o "eu" é tão importante, a ponto de alguém resolver criar uma revista só para satisfazer os próprios interesses.

Que tal um periódico intitulado *Outros*? Haveria compradores para ele? Provavelmente, não. Francamente, nosso mundo — pelo menos grande parte dele — não está interessado em ajudar os outros. A maioria está interessada apenas em si mesma. Nossa cultura deixa claro que estamos tão concentrados em interesses egoístas que nos preocupamos demais em atender às nossas "necessidades" em vez de permitir que Deus atenda a elas de acordo com suas gloriosas riquezas em Jesus Cristo.

Sua reação a esse conceito talvez seja esta: "É natural que os seres humanos, como os outros animais, busquem os próprios interesses. Afinal, trata-se de uma questão de sobrevivência, certo?"

Errado!

Voltando ao exemplo de Saddam Hussein: ele possuía o que a maioria das pessoas descreveria como "ter tudo". Tinha poder ilimitado, imensas riquezas, palácios enormes, carros, aviões, iates e prazer oriundo de numerosas fontes. O que mais ele poderia querer? No entanto, "[...] que adiantará ao homem ganhar o mundo inteiro e perder a sua alma? [...]" (Mateus 16.26). Jesus tem algo mais a dizer a respeito desse comportamento egoísta:

> Eis que alguém se aproximou de Jesus e lhe perguntou: "Mestre, que farei de bom para ter a vida eterna?". Respondeu-lhe Jesus: "Por que você me pergunta sobre o que é bom? Há somente um que é bom. Se você quer entrar na vida, obedeça aos mandamentos". "Quais?", perguntou ele. Jesus respondeu: " 'Não matarás, não adulterarás, não furtarás, não darás falso testemunho, honra teu pai e tua mãe' e 'Amarás o teu próximo como a ti mesmo' ". Disse-lhe o jovem: "A tudo isso tenho obedecido. O que me falta ainda?". Jesus respondeu: "Se você quer ser perfeito, vá, venda os seus bens e dê o dinheiro aos pobres, e você terá um tesouro nos céus. Depois, venha e siga-me". Ouvindo isso, o jovem afastou-se triste, porque tinha muitas riquezas. (Mateus 19.16-22)

Você já tentou entender por que aquele jovem perguntou a Jesus o que ele precisava fazer para ter a vida eterna? Talvez por ter reconhecido Jesus como o Cristo, ou porque Jesus era diferente dos falsos líderes religiosos da época. Uma coisa é certa: o jovem estava insatisfeito com sua vida e sabia haver algo melhor para ele.

Saddam estava tão insatisfeito com suas riquezas quanto o jovem que conversou com Jesus.

Jesus também sabia que o jovem tinha uma alma sedenta e lançou-lhe um desafio. Jesus sabia que ele conhecia muito bem os mandamentos. Jesus não repetiu todos os Dez Mandamentos e incluiu um que não fazia parte deles: “Amarás o teu próximo como a ti mesmo”. Não é intenção deste livro examinar detalhadamente o significado completo desse diálogo; mas basta dizer que os mandamentos mencionados por Jesus se referiam à nossa atitude em relação às outras pessoas.

O jovem rico sabia que havia algo mais, e isso se evidenciou em sua afirmação: “A tudo isso tenho obedecido. O que me falta ainda?”. Havia um anseio profundo dentro dele; seu modo de viver não lhe agradava. O “eu” não o satisfazia como ele desejava. E ele sabia disso. Sabia que Jesus também sabia disso, por isso fez outra pergunta — uma pergunta que atormenta a maioria de nós: “O que me falta ainda?”.

Alguém poderia dizer que ele tinha quase tudo de que necessitava e acabara de adicionar esse último ingrediente à panela para engrossar o caldo e torná-lo pronto para o consumo. Entretanto, a explicação não é esta. Na verdade, ele perdeu a chance a ele oferecida, a *graça* que estava à sua espera para libertá-lo — a graça que faria a diferença eterna em sua vida.

Jesus lhe disse: “Se você quer ser perfeito, vá, venda os seus bens e dê o dinheiro aos pobres, e você terá um tesouro nos céus. Depois, venha e siga-me”.

Em essência, Jesus estava mostrando a ele que o homem não é justificado diante de Deus por suas ações externas, mas por um coração cheio da graça de Deus por meio de um relacionamento com Cristo e, depois, com outras pessoas. O coração daquele jovem ansiava pelas riquezas do mundo, não por Cristo. Jesus deixou bem claro que "onde estiver o seu tesouro, aí também estará o seu coração" (Mateus 6.21). O tesouro do jovem eram os bens materiais, não o seu relacionamento com o Filho de Deus, Jesus Cristo. Por meio de suas ações, o jovem declarou ser o conforto das riquezas mais importante que a paz, a alegria e a certeza da vida eterna que ele teria se Jesus ocupasse o centro de sua vida neste mundo.

Quem ocupa o primeiro lugar em seu casamento?

Vamos conhecer a história de um casal, Jeremy e Ângela. O problema principal, pelo menos na superfície, era o envolvimento de Jeremy com drogas e sexo. É comum essas duas dependências se manifestarem juntas.

O problema verdadeiro é muitos homens que aparentam ser fortes por fora serem emocionalmente fracos por dentro. No cômputo geral, os homens têm mais dificuldade de lidar com as emoções advindas de rejeição, violência verbal e física, ira, amargura e ressentimento. Os homens tendem a internalizar (e guardar) essas emoções, o que só serve para intensificá-las. Em geral, eles se envolvem com drogas, sexo, jogos de azar e até atividades esportivas em excesso, como meios de fuga, para não ter de lidar com suas emoções.

Por outro lado, as mulheres têm mais facilidade de manifestar e processar as emoções. De modo geral, as mulheres são capazes de lidar verbalmente com seus problemas e falam deles com mais naturalidade com outras mulheres ou buscam aconselhamento. Algumas aparentam ser mais fracas por fora, mas quase sempre são emocionalmente mais fortes por dentro.

Jeremy e Ângela são bons exemplos dessa descrição da força e da fraqueza externa/interna. Quando descobriu que seu marido, Jeremy, estava envolvido com drogas e pornografia, Ângela quis divorciar-se dele. Jeremy reagiu de forma positiva e mostrou-se disposto a mudar em vez de divorciar-se da mulher. Ele procurou aconselhamento. De início, a reação de Ângela à dependência dupla do marido era previsível. Ela o apoiava muito pouco.

Talvez alguns leitores deste livro achem que Jeremy não merecia uma segunda chance. Outros dirão que a culpa toda é dele. Ele nunca mudará. Merece o afastamento da mulher pelo divórcio. Talvez seja isso mesmo que ele mereça. Pense, no entanto, por alguns momentos em outra opção: a *graça que restaura*.

Todos nós somos imperfeitos e estamos destituídos da glória de Deus (v. Romanos 3.23). Por que, então, temos a expectativa de conviver com uma pessoa perfeita? Precisamos reconhecer que nosso pensamento errôneo é, no mínimo, parcialmente responsável por nossas mágoas. Se esse for o caso, como podemos julgar os outros — particularmente nosso cônjuge — quando eles lidam incorretamente com suas inseguranças?

Jesus diz: "Se vocês têm um problema tão grave nos olhos que os impede de enxergar, como podem realizar uma cirurgia no olho de outra pessoa?" (v. Mateus 7.1-7). Em outras palavras, se você tem inseguranças, imperfeições, rejeições e limitações, se peca e desobedece a Deus, como pode apontar o dedo para outra pessoa (seu cônjuge, um amigo, um membro da família, um colega de trabalho, um vizinho)?

Não estamos dizendo que temos de ser perfeitos para poder apontar um pecado ou comportamento negativo na vida de outras pessoas; mas precisamos ter o cuidado de examinar a nós mesmos, sabendo que não estamos acima do bem e do mal. Precisamos falar com os outros com benevolência, não com palavras de condenação. É muito difícil quando alguém muito próximo de nós nos ofende profundamente, mas a melhor maneira de agir é seguir o exemplo de Jesus e nos aproximar daquela pessoa com humildade no coração.

Foi aí que Ângela cometeu um erro depois de descobrir o envolvimento de Jeremy com drogas e pornografia. A princípio ela se dispôs a dar-lhe uma segunda chance por causa dos filhos, mas a ira, a amargura e o ressentimento em relação a ele produziram nela reações excessivamente egocêntricas. De uma coisa ela sabia: a melhor maneira de magoá-lo seria cortar qualquer atividade sexual com ele.

Isso é graça?

A maioria dos homens considera essa atitude um castigo ou julgamento. Jesus disse: "Não julguem, para que vocês não sejam julgados" (Mateus 7.1). Mesmo que esse casal se recupere do problema, quem poderá afirmar que não surgirão outros? E se Ângela for parte do problema? Estará ela esperando que Jeremy a trate da mesma forma que ela o tratou? É muito comum esse tipo de comportamento transformar-se em um círculo vicioso, sem vencedores no final.

Se essa tendência continuar, terá o relacionamento entre eles alguma possibilidade de transformar-se em um casamento saudável? Somente se ambos estiverem dispostos a abandonar o "eu" e permitir que Cristo assuma o comando da vida deles e de seu casamento. Somente por meio de Jesus Cristo Jeremy e Ângela poderão perdoar realmente um ao outro. Somente Jesus Cristo pode ajudá-los a construir uma ponte de amor e graça entre eles que os capacite a reconstruir o casamento. Somente com Jesus Cristo no centro do casamento eles poderão aprender a encorajar e amar um ao outro, restaurar a intimidade perdida e melhorar a comunicação entre ambos.

Eles precisam dizer estas frases de restauração um ao outro: "Eu estava errado", "Você estava certo", "Sinto muito", "Eu o perdoo", "Por favor, perdoe-me" e "Eu amo você". Aprender a resolver problemas traz cura para a pessoa envolvida e também para outras com as quais ela se relaciona. Tentar resolver os problemas em conjunto pode aproximar o casal e aumentar o amor e a intimidade entre marido e mulher.

Neste caso, quem estava ocupando o trono do coração dele ou dela? Tanto Jeremy como Ângela eram culpados. Jeremy estava desrespeitando a esposa. Estava buscando prazer nas drogas e na pornografia, e isso a magoou profundamente. Jeremy pôs o "eu" e seus prazeres pervertidos acima das necessidades e interesses da esposa e acima de sua necessidade de Cristo.

Ângela tomou a atitude de não se reconciliar com o marido e assumiu a posição de mártir. Achou que havia sofrido tanto com os erros do marido que não tinha condição de perdoá-lo. Mesmo assim, pelo bem dos filhos, ela concluiu, faria a coisa certa, ficaria de boca fechada, sacrificaria seus desejos e necessidades e manteria o casamento. Essa atitude só serviu para intensificar sua raiva em relação ao marido. Não trouxe cura para ela nem para o casamento. Ao contrário, a raiva aumentou, provocando um clima prejudicial para as crianças.

Ângela agarrou-se com firmeza aos sentimentos de ira, amargura e ressentimento, recusando-se a aceitar as tentativas de reconciliação de Jeremy. Permitiu que a ruptura em seu casamento se transformasse em enorme brecha com poucas chances de reconciliação.

Nenhum casamento resiste a esse tipo de egocentrismo. Quando o ego assume o controle, só o *eu* tem importância. De vez em quando *eu* darei uma coisinha insignificante para *você*; assim *eu* posso manipular *você* para que *me* dê tudo o que *eu* quero. Com o tempo, *eu* ocuparei tanto espaço que não haverá mais lugar, por menor que seja, para Jesus ou outra pessoa.

Para entender verdadeiramente esse processo, dê uma olhada em um método mais acadêmico mostrado no diagrama intitulado "Cristão derrotado", no final deste capítulo. O diagrama representa você. Compõe-se de espírito, alma, corpo e relacionamentos e tem o "eu" no centro. É como se o "eu" estivesse dizendo: "Obrigado, Jesus, por ter me salvado, mas agora o problema é meu, Jesus. Por isso, Jesus, fique dentro no armário que construí. Se eu precisar, vou tirar o senhor do armário para voltar a me ajudar, da mesma forma que permiti que me salvasse". Infelizmente, é assim que muitos cristãos agem, consciente ou inconscientemente.[8]

Quando há um curto-circuito no "eu"

Como você sabe quem ocupa o centro de sua vida ou o trono de seu coração? Pergunte a si mesmo como lida com as frustrações da vida. Se for o "eu", o resultado

---

8 SOLOMON, Charles. **Counseling with the Mind of Christ**. Old Tappan, NJ: Fleming H. Revell, Co., 1977, adaptado, p. 67.

será ira, amargura, ressentimento e outras emoções negativas. Evidentemente, isso prejudicará seu relacionamento com seu cônjuge, filhos, amigos e outras pessoas. Também prejudicará sua alma (mente, emoções, volição — sua personalidade). E, por conseguinte, terá a tendência de exercer influência desfavorável em sua autoestima e fazer que se sinta inseguro e incompetente. Depois se transformará em culpa, em razão da raiva. Ou talvez o "eu" guarde ou reprima a raiva, que, por sua vez, se transformará em depressão. Embora algumas pessoas tenham predisposição genética para depressão, a raiva e o rancor exacerbam grandemente essa depressão.

A consequência é que você começará a se preocupar cada vez mais (v. Filipenses 4.6,7), entregando-se a dúvidas e medos (v. 2Timóteo 1.7) a respeito da vida e do que vai acontecer com você, seu casamento, sua família e outros relacionamentos importantes. E isso produz mais estresse e ansiedade. Emocionalmente, não há dúvida de que o "eu" está sofrendo, da mesma forma que muitos de seus relacionamentos. A seguir, o "eu" tenta fugir de tudo isso (posteriormente, abordaremos este assunto com mais profundidade) por meio de fantasias, alcoolismo ou uso de outras drogas, jogos de azar, comida e/ou busca de prazer sexual inapropriado ou outros desvios de comportamento. Quando uma dessas fugas se transforma em obsessão, ela se torna um vício. E, quando isso acontece, até mesmo o "eu" começa a perder o controle, e o vício passa a dominar a situação. (Você encontra alguma dessas fugas em sua vida?)

Em geral, a alma atormentada prejudica o corpo, e este apresenta vários sintomas físicos. Quanto mais permitimos que as emoções negativas existam e se desenvolvam em nossa vida, mais pomos o nosso corpo em risco. Há uma ligação entre ser egocêntrico e criar um turbilhão emocional. Com o tempo, nosso corpo reage na forma de numerosas enfermidades, tais como problemas cardíacos e vasculares, problemas gastrintestinais, dores de cabeça, doenças de pele, disfunções no trato geniturinário, dores e inflamações, problemas pulmonares e de respiração e enfraquecimento do sistema imunológico.[9]

Em seu livro *Deadly Emotions* [Emoções mortais], o dr. Don Colbert afirma: "Sem dúvida, a hostilidade, o rancor e a ira estão no topo da lista das emoções tóxicas que produzem uma reação extrema de estresse".[10] E, se guardarmos as emoções, maior será a explosão quando elas não puderem mais ser contidas. Quando convivemos com emoções negativas, seja qual for o motivo, é muito melhor externá-las diante de Deus que tentar abafá-las. Jó externou tudo, desde a perplexidade até o sofrimento e a ira, e em Salmos, repetidas vezes, Davi descreveu a ampla variedade de emoções sentidas por ele.

Outras emoções também prejudicam o corpo. Há uma ligação muito bem documentada entre a depressão e a doença, até mesmo um risco maior de infartos.[11] A culpa e a vergonha não corroem apenas o corpo, mas produzem também um ciclo infinito de pensamentos negativos. O medo está associado a uma grande variedade de doenças e, em casos extremos, pode causar morte súbita. Separe um tempo para ler o relato bíblico a esse respeito em 1Samuel 25.

---

9 COLBERT, Don, M.D. **Deadly Emotions**. Nashville, TN: Thomas Nelson, 2003, adaptado, p. 25-27.

10 Id., ibid., p. 35.

11 Id., ibid., p. 64.

Quando somos controlados pelo "eu", é muito fácil cair na armadilha da inveja e da cobiça. Essas emoções são destrutivas e corroem a pessoa, a ponto de prejudicar tudo o que ela vivencia. A inveja é parceira do ressentimento, e é venenosa. A Bíblia diz:

> O coração em paz dá vida ao corpo,
> mas a inveja apodrece os ossos. (Provérbios 14.30)

> O ressentimento mata o insensato,
> e a inveja destrói o tolo. (Jó 5.2)

> As obras da carne são conhecidas, as quais são: [...] invejas [...]. (Gálatas 5.19,21, *AEC*)

Quando alimentamos essas atitudes, ocorre um curto-circuito no "eu". A essa altura, o "eu" não está fazendo um bom trabalho, certo? Qual é, então, a solução? O que você deve fazer? Está cansado de ser controlado pelo "eu" e de tentar fazer tudo sozinho?

Há uma solução. Você não precisa ter uma vida cristã derrotada, um casamento ou uma vida familiar infeliz. Ao contrário, pode ter uma vida significativa por meio de Jesus Cristo. A solução é um relacionamento vivo e verdadeiro com ele — com quem morreu para curar sua vida despedaçada —, porque é aí que a graça que restaura começa a agir.

Há esperança, conforme você verá no exemplo de Pam, uma mulher viúva havia vários anos. O marido morreu em um acidente de carro. Pam estava zangada com Deus por ter permitido que o marido morresse; estava zangada com os médicos por não terem sido capazes de salvá-lo; estava zangada com o marido por ele ter morrido; e estava zangada com ela mesma por não ter agido melhor diante de toda aquela provação.

A morte do marido causou tamanha devastação que ela se fechou em si e se afastou de tudo. Ia apenas à igreja e ao supermercado. Pam estava sofrendo de agorafobia (a pessoa tem medo de sair dos limites de um ambiente seguro, como sua casa). Felizmente, Pam tinha duas amigas cristãs sensíveis que se preocuparam com ela e a convenceram a procurar aconselhamento. Elas se revezaram para levá-la de carro a todas as sessões, percorrendo uma distância de 160 quilômetros, até que Pam pudesse sentir segurança de dirigir o próprio carro.

Aos poucos, Pam venceu a agorafobia, a depressão e a ansiedade. Como conseguiu fazer isso? Com ajuda do "eu"?

Não.

Somente quando Pam se dispôs a entregar o "eu" para ser crucificado com Jesus foi que ela conseguiu, por meio de Cristo, pôr sua fé em prática e sentir a graça restauradora. Por meio de Jesus (v. diagrama II, "Cristão vitorioso", no final deste capítulo), Pam aprendeu a ter a atitude de Cristo. Em lugar de viver derrotada, ela foi capaz de derrotar o sofrimento. Começou a ter uma vida mais significativa e a exibir o fruto do Espírito: amor, alegria, paz, paciência, amabilidade, bondade, fidelidade, mansidão e domínio próprio. Por meio de Jesus, ela teve força para fazer o que não conseguira por meio do "eu".

Pam descobriu que a graça de Deus é suficiente e que sua força aperfeiçoou-se na fraqueza dela. Pam reconheceu que sua fé estava adormecida. Quando a pôs em prática por meio de Jesus, suas necessidades foram atendidas de acordo com as gloriosas riquezas de Deus em Cristo Jesus. A paz e alegria foram restauradas quando ela confiou em Cristo. A esperança que sentiu mediante o poder do Espírito Santo tirou-a da depressão, do desespero, do medo e da ansiedade (v. Gálatas 2.20; 5.22,23; 1Coríntios 15.57; João 10.10; Filipenses 4.13,19; 2Coríntios 12.9; Romanos 15.13).

Quando Jesus passou a ser o Senhor de sua vida, Pam conseguiu apropriar-se da mesma graça que a salvou, possibilitando que ela perdoasse os médicos, o marido e ela própria. Esse foi um marco decisivo na vida de Pam quando os pensamentos negativos lhe assaltavam. Ela voltou a ter fé em Cristo porque a graça de Deus a curou da culpa e da autocondenação.

Pela primeira vez, Pam entendeu e aplicou 1João 4.9 à sua vida. Agradeceu a Deus por meio de Jesus porque agora ela podia:

1. Ter uma vida cristã vitoriosa (v. 1Coríntios 15.57).
2. Ser mais que vencedora na vida (v. Romanos 8.37).
3. Ter vida mais plena (v. João 10.10).
4. Ter vida eterna (v. João 3.16; 17.3).

Em Cristo, você também pode experimentar e pôr em prática essas quatro verdades. Conforme lemos em João 8.32, conheceremos a verdade, e a verdade nos libertará.

A ironia do escapismo

Quando controlados pelo “eu”, os falsos caminhos para a liberdade nos seduzem a cair em armadilhas preparadas pelo Diabo. Assim que nos enredamos em uma ou mais dessas armadilhas — ou vícios —, passamos a viver em escravidão. Conforme mencionamos, quando lutamos contra a pressão, o sofrimento e os problemas, o mundo e o "eu" instigam-nos a fugir por meio de fantasias, drogas e/ou álcool, jogos de azar, comida em excesso e envolvimento com pornografia e outros comportamentos sexuais pervertidos. Até as atividades aparentemente sadias, como ver TV, limpar a casa, trabalhar por longas horas e praticar esporte, podem se tornar fugas prejudiciais se forem realizadas em excesso.

Se você já chegou à meia-idade, deve lembrar-se do ator Steve McQueen, no papel principal de capitão Virgil Hilts, em *Fugindo do inferno* (1963). O filme baseava-se na história verdadeira de homens presos em um campo de concentração de segurança máxima na Alemanha nazista durante a Segunda Guerra Mundial. Os soldados eram colocados ali por causa de sua perspicácia e tendência para fuga. Sem se intimidar com o nível de dificuldade naquele acampamento "à prova de fugas", os prisioneiros cavaram um túnel e saíram do acampamento inimigo em grandes grupos. Aqueles prisioneiros uniram-se para realizar um esforço complexo e colaboraram entre si para se livrar de seus algozes.

Por que eles fizeram tanto esforço para ser libertados? O desejo de liberdade é quase universal. As pessoas enfrentam qualquer tipo de dificuldade — a ponto de sacrificar a vida — para fugir do cativeiro. Como os homens naquela história, sem Cristo, todos os seres humanos estão escravizados pelo pecado e, consequentemente, "capturados" pelo inimigo (v. 2Timóteo 2.26; Tito 3.3; 2Pedro 2.19). Da mesma forma, os homens e as mulheres submetem-se subconscientemente à escravidão das obras mortas ou regras de religião que os mantém cativos. Contudo, mesmo na escravidão, ainda há o desejo dentro do coração deles de libertar-se de tudo isso. Por que o ser humano age assim?

A resposta óbvia é que nenhum homem ou animal deseja viver trancado, preso ou sob o domínio de outra pessoa. Fomos criados para imitar nosso Criador. Deus é incomparável em termos de capacidade para controlar suas circunstâncias (ou de qualquer pessoa). Ele criou o Universo com uma palavra. Ele abençoa ou amaldiçoa com uma palavra. Com uma palavra apenas, Jesus tem o poder de curar enfermos ou expulsar forças espirituais chamadas demônios. Repetindo: foi ele quem disse que você pode ser libertado. Para isso, basta conhecer sua palavra: "E conhecerão a verdade, e a verdade os libertará" (João 8.32).

Se todo homem deseja ser livre, por que é tão raro buscarmos aquele que nos criou para ser livres — aquele que viveu, morreu e ressuscitou para que fôssemos livres? Nossa esperança é que, ao ler este livro, você deseje mais e mais buscar sua liberdade em Deus, não por meio das falsas fugas oferecidas pelo mundo. Alguns de vocês dirão que não se encontram em nenhum tipo de escravidão física ou espiritual. Não acreditam que tenham motivos para buscar liberdade além daquela já desfrutada por vocês. Todavia, ao longo desta vida, cada um de nós viverá em algum tipo de prisão. Se você já encontrou a liberdade em Cristo, permita que as palavras lidas por você aqui sejam uma ferramenta para alcançar outras pessoas à sua volta que ainda vivem em escravidão. Vamos analisar algumas fugas comuns e as prisões para as quais elas nos levam.

Tempos atrás, o povo dizia que uma prisão recém-construída em uma pequena cidade nas Ilhas Britânicas tinha uma cela à prova de fuga. Harry Houdini, famoso no mundo inteiro por suas fugas, foi convidado a comprovar se realmente a cela era à prova de fuga. Ele aceitou o convite, vangloriando-se de que não havia prisões capazes de mantê-lo encarcerado.

Houdini entrou na cela, e o carcereiro fechou a porta pelo lado de fora. Houdini ouviu o som da chave sendo enfiada na fechadura. O carcereiro tirou a chave e foi embora. Houdini pegou suas ferramentas e começou a trabalhar na porta da cela. Entretanto, a coisa não funcionou da maneira que ele esperava. Nada parecia dar certo, e as horas foram passando. Ele ficou intrigado porque nunca deixara de abrir uma porta trancada.

Finalmente, o grande Houdini admitiu seu fracasso e encostou-se na porta, resignado e exaurido. De repente, ela se abriu. O carcereiro não a trancara. A porta estava trancada apenas na mente de Houdini.

Eu já fiz isso e você também; trancamo-nos em razão daquilo que pensamos ou acreditamos. Como resultado, permanecemos trancados e isolados da esperança e fé que levam à bênção. Em vez de desfrutar a segurança e a liberdade que provêm de pertencermos a Deus, transformamo-nos nas pessoas negativas que imaginamos ser. Nathaniel Hawthorne compreendeu maravilhosamente esse dilema em *A casa das sete torres*: "Que outro calabouço pode ser mais escuro que nosso coração? Que carcereiro é tão inexorável quanto o nosso 'eu'?".

Há uma grande ironia nisso tudo: as maneiras de fugir que buscamos, no consciente ou subconsciente, quase sempre abrem as portas de nossa real prisão. Algumas dessas prisões são aquelas que nós mesmos criamos; outras foram criadas para nós; e há aquelas que Satanás criou.

Sim, Satanás existe. A Bíblia diz que ele era o anjo principal que dirigia o culto de adoração a Deus. Isso, porém, não foi suficiente — ele queria mais poder. Tentou ficar acima de Deus. Não deu certo, e Deus o expulsou do céu. Muitos outros anjos caíram na mesma armadilha. Na verdade, um terço de todos os anjos do céu foi expulso com Satanás porque preferiu rebelar-se e segui-lo a permanecer com Deus (v. Isaías 14.12-15).

Satanás é nosso inimigo. No entanto, a única coisa que ele pode fazer é *sugerir* um método de ação que leve à destruição; ele não nos pode forçar a *fazer* nada. Infelizmente, escolhemos o método errado de ação quando cedemos às suas sugestões e tentamos agir à nossa maneira.

Vamos, portanto, sair do campo teológico e entrar no campo prático. Quais são as prisões que criamos? Como podemos fugir dessas circunstâncias de maneira *saudável*? Talvez você esteja vivendo uma circunstância particular que aparenta ser seu inferno ou prisão. Talvez seja um problema semelhante aos exemplos de circunstâncias pessoais e difíceis já mencionados neste capítulo.

O que faz um cônjuge sair em busca de pastagens mais verdes? É a fascinação por um sexo melhor? É a possibilidade de envolver-se em situação melhor? Ter mais segurança? Ser mais importante? Ter menos problemas? As motivações que nos levam a ter comportamento pernicioso são muitas, mas entenda que as consequências raramente valem a pena.

Voltando à história de Ryan

Lembra-se de Ryan? Ele procurou libertar-se de uma situação na qual se sentia preso pelo casamento. Quando uma jovem loira, bonita e com personalidade esfuziante cruzou seu caminho, Ryan reagiu emocional e fisicamente. Satanás sussurrou-lhe ao ouvido: "Ei, esta garota é sensacional. Você se casou com a mulher errada. Esta é a que você quer e de que precisa. Pare e pense. Um pouco de carinho não prejudica ninguém. Não há mal nenhum em fazer sexo ou outra coisa com ela, e, além disso, você merece um pouco de prazer diante de todos os problemas que tem com sua mulher".

Problemas? Eles não tinham nenhum problema — o inimigo aproveitou-se de uma fraqueza movida pela testosterona, misturou-a com a mentira de problemas conjugais e prometeu a Ryan uma vida melhor se ele ultrapassasse as fronteiras do plano de Deus.

Sabe de uma coisa? Aquele relacionamento não foi nada benéfico para Ryan. Apesar de estar nos braços de uma mulher atraente que lhe ofereceu uma fuga temporária para seus problemas, aquilo não lhe proporcionou nada de bom. Serviu somente para aumentar o estresse e a destruição de outros problemas não resolvidos. O preço a ser pago não compensou o prazer temporário da desobediência a Deus. E no exato momento que Ryan pensou que Deus não estava vendo nem estava presente em sua situação, Deus o fez passar pelo desprazer de ter de encarar a esposa, olhar nos olhos dela e dar a razão de ter se ausentado do trabalho naquele dia.

Como Ryan chegou a essa situação? Ele permitiu que a luxúria descontrolada e sua necessidade de fugir das pressões da vida se tornassem justificativas para o pecado.

Você pode estar se perguntando por que Ryan nos deu permissão para expor os fatos negativos de sua vida neste livro. Logo você descobrirá que o fato de ser sincero com você mesmo e com seu cônjuge é capaz de o libertar.

Terá coragem e força para fugir da prisão criada por você. Se for sincero com você mesmo, não será ameaçado pela verdade; será libertado por ela. Será libertado por Jesus, o caminho, a verdade e a vida (v. João 14.6).

Aqui está o que levou Ryan a fracassar: ele cresceu em um lar dominado pelo álcool no qual foi treinado a acreditar que sua segurança (amor) e importância (poder de fazer o bem) baseavam-se em desempenho. Se seu desempenho fosse mau, ele se sentia ameaçado e sem nenhum valor. Se fosse bom, sentia-se contente e satisfeito. O valor atribuído por nós a nós mesmos não se baseia no que fazemos, mas no que realmente somos. Baseia-se no que Deus se dispôs a fazer por nós: resgatar nossa vida por meio da morte e ressurreição de Jesus. Deus amou o mundo de tal maneira que deu seu único Filho para que todo aquele que crer nele não passe a eternidade no inferno, mas viva para sempre no céu (v. João 3.16).

Quando Ryan foi visto com outra mulher, sua esposa não lhe suplicou que parasse nem lhe perguntou a razão de ele fazer aquilo. Ela disse simplesmente: "Pare e desista ou ponha o pé na estrada", porque tinha autorrespeito (algo que Ryan nunca teve, em razão de sua infância confusa e de não entender quem ele realmente era) para perceber que merecia muito mais que aquilo. Não toleraria mais seu comportamento. Ela pôs as consequências acima da situação. Traçou uma linha na areia. Não o forçaria a ficar com ela contra a vontade. Não aceitaria um marido infiel.

Deus age de maneira muito semelhante. Ele não tolera rebeldia, porque merece algo melhor. Deus, porém, não nos força a fazer nada contra nossa vontade. Como a mulher de Ryan, ele continuará a pedir, até o dia de nossa morte, que deixemos de ser rebeldes na mente e no coração. Se não aprendermos, não mudarmos e não crescermos por meio da aceitação da graça oferecida gratuitamente em Cristo, Deus continuará a nos chamar até que fiquemos permanentemente separados dele. Quando se trata de separação no casamento, a lei chama a isso "divórcio". Quando se trata de passar a eternidade separados de sua graça e presença, Deus chama a isso "inferno".

Você poderá perguntar: "E quanto a meu cônjuge que não é nada bonzinho? Ele (ela) é igual a Ryan". Bem, sim e não. Ryan escolheu contornar a situação e corrigir o erro. Seu cônjuge poderá fazer isso ou não. Algumas pessoas não despertam para a realidade e não entendem estar vivendo uma mentira e acreditando nela. Ou são tão infelizes na vida que isso não tem importância para elas.

O importante é o que *você* faz — como reage. Você vai pegar duas dúzias de sorvetes e uma garrafa de bebida e comer e beber até cair na sarjeta, ou vai procurar a ajuda de alguém que tenha sabedoria e compaixão para fazer a diferença verdadeira em sua vida? Vai submeter-se à verdade acerca do amor e da graça de Deus?

Precisamos entender que, quando queremos sair de um buraco, precisamos parar de cavar. Se fez uma única bobagem pelo fato de estar deprimido porque sua mulher o abandonou, não precisa continuar a procurar confusões que possam transmitir a você *aids*. Se está arrasado porque sua mãe morreu, não precisa vender tudo e beber até cair. Se o que faz não está dando certo, por que continuar? Há uma saída melhor.

Todos nós passamos por momentos dos quais queremos fugir. É normal. Algumas situações nos deixam extremamente deprimidos, sem esperança e abandonados.

Sentimo-nos irados, amargurados, ressentidos, frustrados e chorosos, sem ter respeito por nós nem pelos outros. Talvez você até se odeie por ter tomado decisões erradas. Pare de cavar o buraco! A nova prisão criada por você será muito pior que sair do poço do sofrimento emocional em que se encontra. Jesus está pronto para estender a mão e tirar você do poço. Você está disposto a dar-lhe essa oportunidade?

A história de Mário

Mário luta com o problema de personalidade bipolar e passou algum tempo na prisão por roubo de automóvel, tráfico e consumo de drogas. Ele sofre de depressão. Sofre também de diabetes e, quando a taxa de açúcar no sangue fica fora de controle, a depressão se acentua. Mário tem quatro filhos: um deles é autista e outro tem transtorno do déficit de atenção e hiperatividade (TDAH). A pessoa mais importante em sua vida, sem contar a filha mais nova, é sua esposa. Ela é uma mulher estável, e a única força estável em sua vida.

Mário cresceu em um bairro pobre de Amarillo com uma família composta de um irmão, dois meios-irmãos e uma meia-irmã. A mãe tornou-se lésbica e tinha um relacionamento com outra mulher. Por ser o filho mais velho e em razão dos sérios problemas de maus-tratos dos pais, Mário teve de criar os irmãos mais novos. Um dia, a parceira de sua mãe morreu por excesso de drogas, e a mãe de Mário tornou-se violenta, tanto física como verbalmente. O pai desapareceu.

Esse "pai" saiu de casa quando Mário tinha 15 anos. Mário começou a traficar drogas aos 17 anos e usou-as em alguns períodos de sua vida. O álcool e as drogas eram sua fuga das experiências pervertidas e violentas da juventude. Ele se tornou pugilista em razão dos frequentes problemas que encontrava nas ruas. Você já parou para pensar por que as pessoas fazem escolhas como essas? Acha que um dia elas acordaram e disseram: "Ei, vou sair de casa para poder viver feliz num beco qualquer, fumar maconha, roubar cocaína e vendê-la a qualquer um que tenha dinheiro"? Claro que não. É a progressão de escolhas erradas que leva o ser humano a ter esse tipo de vida.

As pessoas se envolvem no escapismo por motivos óbvios. Encontram-se em uma prisão mental, emocional e física que não conseguem mais suportar — ou pelo menos acham que não conseguem. E isso é verdade! Sem ajuda, elas não conseguem suportar essa situação, nem você nem eu.

Vamos voltar à história de Mário. Ele conviveu com pais violentos, egocêntricos e sem padrões morais que fizeram escolhas para agradar a si mesmos sem levar em conta as consequências para as crianças. Quando agem sem considerar as necessidades dos filhos, os pais promovem uma desgraça social. Talvez isso seja uma repetição do que sofreram na infância. Talvez a mãe de Mário estivesse cansada de ser molestada por homens e decidiu tomar a atitude bizarra e rebelde de envolver-se com outra pessoa do mesmo sexo. Qualquer que tenha sido a motivação, os resultados foram devastadores para os filhos.

A reação de Mário foi a de fugir para as drogas e para o álcool. Ele aprendeu, por meio da observação, que vender drogas era a melhor maneira de conseguir bens materiais. Era fácil. Bastava apenas conhecer as malandragens da rua e ter músculos fortes. Mário tinha tudo isso. No entanto, ele não atinou com o fato de que, ao tornar-se cliente de seu produto, não conseguia vender drogas o suficiente para sustentar o próprio vício. Roubar carros foi o passo seguinte. Isso também era fácil, e, com as ligações que ele estabeleceu na prisão, havia um grande comércio clandestino para ajudá-lo a vender sua mercadoria.

Foi então que Deus interveio de uma forma totalmente inesperada. Mário estava trafegando na rodovia interestadual I-40, no sentido leste, e parou para dar carona a um homem. O homem era uma pessoa estranha — mais velho e de comportamento discreto. Disse apenas que precisava chegar ao próximo estacionamento de caminhões. Depois quis saber como era a vida de Mário. Este contou-lhe. O homem não disse nada. Não o condenou; apenas demonstrou tristeza no olhar diante do que acabara de ouvir. Quando eles chegaram ao estacionamento de caminhões, o homem pagou uma xícara de café para Mário e lhe falou de Deus. Saíram do estacionamento juntos, andando lado a lado. De repente, ao virar-se para conversar com o homem, Mário não o viu mais. Não havia nenhum vestígio dele. Simplesmente desaparecera.

Na ocasião, Mário não se deu conta do acontecido. Ficou em estado de choque. No entanto, aquele foi o dia em que ele compreendeu que precisava mudar de vida e abandonar as drogas. Começou a frequentar uma associação de Narcóticos Anônimos onde conheceu uma pessoa que o levou a entregar sua vida a Cristo. Ao pensar em sua história, Mário acha que Deus enviou um anjo para fazê-lo conhecer sua verdade e promover a graça que restaura em sua vida.

A história não termina aqui, e também não foi um conto de fadas. A verdade é que Mário procurou fugir dos problemas por meio de um novo vício: o trabalho. Deixou de envolver-se com drogas para trabalhar em tempo integral em uma corretora de aluguel de casas. Ele também procurava pessoas para ajudá-las. E fazia de tudo para ganhar honestamente seu dinheiro. Embora fosse legal, o trabalho o conduziu para outra forma de destruição. Mário disse que estava fazendo isso por sua família e amigos. Da mesma forma que, ao cuidar dos irmãos quando ainda era pequeno, desenvolvera uma mentalidade voltada para a ajuda ao próximo, ele começou a ajudar os amigos. Mário tinha um grupo de amigos a quem ele chamava "meus companheiros" — homens que ele tentava tirar das garras do vício do álcool e das drogas.

Apesar de suas tentativas de ser "bonzinho", Mário teve uma recaída. Voltou para as drogas. Depois de uma discussão com a esposa, ele tentou suicidar-se atirando seu caminhão contra uma árvore. Desta vez até sua esposa estava pronta para abandoná-lo.

Repetindo: o xis da questão é que não há nenhuma fuga para problemas nesta vida; há apenas força para lidar com eles. Nosso inimigo, o Diabo, anda ao redor rugindo como um leão à procura de alguém para devorar. Além de nos tentar a fazer coisas idiotas, Satanás quer encontrar alguém para transformar em farrapo humano, com o propósito de infligir sofrimento, porque ele é unicamente motivado pelo ódio.

Embora estivesse no ponto mais baixo de sua vida, Mário viu-se frente a frente com um momento de aprendizado. Alguém o aconselhou a anotar em um papel tudo o que ele achava que Deus queria para sua vida (por exemplo, estabilidade, sucesso, alegria, libertação das drogas, libertação da depressão e boa saúde). Em vez de concentrar-se nas mentiras do inimigo, ele foi encorajado a passar uma hora por dia concentrando-se na verdade da Palavra de Deus.

Jesus disse que a verdade nos libertará. Um dos segredos para termos uma vida vitoriosa é treinar a mente por meio da meditação na Palavra de Deus. Uma das expressões favoritas de Joyce Meyer quando um mau pensamento a ataca é chamá-lo de "pensamento malcheiroso".[12] A exortação na Bíblia é: "Não se amoldem ao padrão deste mundo, mas transformem-se pela renovação da sua mente, para que sejam capazes de experimentar e comprovar a boa, agradável e perfeita vontade de Deus" (Romanos 12.2).

Mário começou a passar um tempo proveitoso lendo a Palavra de Deus, aceitando a verdade e crendo nela. Como resultado de repetir muitas vezes a descrição do tipo de homem que Deus queria que ele fosse, sua mente começou a mudar. Em poucas semanas as pessoas começaram a notar a diferença que nele operara. Começaram a ver a paz e a estabilidade de Mário refletidas na vida dele. Até os filhos notaram a diferença. Com o tempo, ele e a esposa acertaram suas divergências, e ele começou a amá-la da forma que Deus deseja que todos os homens amem sua esposa.

Faça uma autoanálise

Agora, pense em sua situação. Como vai sua vida? Você está sendo controlado e dominado pelo medo, pela raiva e pelo ressentimento? Está tendo um caso amoroso ou lidando com alguém que viva essa situação? É um profissional bem-sucedido que usa cocaína nos fins de semana ou em festas de pretensos intelectuais? Ou é um trabalhador de nível mediano que bebe regularmente? Trabalha oitenta horas por semana para sustentar sua

---

12 **Battlefield of the Mind**. Nashville, TN: Warner Faith, 1995 [**Campo de batalha da mente**. Belo Horizonte: Bello Publicações, 2004].

insegurança ou, como você diz, para sustentar sua família? Perde-se em meio a fantasias de pornografia para encontrar um pouco de excitação na vida? Depois de você ter tudo o que deseja na vida, sua autoestima continua inexistente e seu coração continua vazio?

Algumas pessoas escolhem outras grandes fugas, como comida, jogos de azar, compras ou permanecem sentadas diante da televisão, trocando a vida delas pela vida dos atores na tela. Tentamos essas fugas para mudar nossa maneira de sentir, para tentar viver melhor, e abafar, de alguma forma, os terríveis sentimentos que nos corroem por dentro. Essas fugas nos amortecem e nos impedem de lidar com nosso sofrimento e de sair em busca do verdadeiro processo de cura.

Aqueles que passaram algum tempo encarcerados ou se recuperaram de qualquer tipo de vício — pornografia, álcool, drogas, nicotina, comida, sexo, e assim por diante — provavelmente comprovarão que, depois de se livrarem do vício (ou da prisão), viveram os dias mais felizes de sua vida. Talvez isso tenha sido difícil para você. Talvez continue a ser difícil. Entretanto, a liberdade que você desfruta não valeu todo aquele suor e lágrimas?

Lembra-se de Houdini? Como ele se libertou? Como você pode libertar-se de seu vício? Qual é a fuga *verdadeira*? Abordaremos esse assunto nos capítulos seguintes. Por favor, confie que, no devido tempo, você entenderá o segredo para libertar-se da escravidão. Quer você tenha sido vítima, quer tenha sido iniciador da destruição, conseguirá libertar-se de sua prisão pessoal por meio do poder restaurador da graça de Deus. Aguarde com esperança o que está por vir — ser tudo aquilo que Deus planejou para você, confiando sempre naquele que o criou — e permita que ele o *liberte*.

Diagrama I

CRISTÃO DERROTADO

Espírito

Salvo, mas:

O "eu" continua a tomar conta de minha vida (Lucas 6.46; 1João 2.9; Efésios 2.8)

Relacionamentos

1. Discórdia; contendas, conflitos, brigas
2. Separação
3. Divórcio
4. Famílias desestruturadas
5. Violência/interações perniciosas
   a. assassinato
   b. estupro
   c. violência física, emocional, verbal, sexual

Eu

No centro — à "minha maneira", não à maneira de Jesus

Alma (personalidade)

Frustrações da vida causadas pelo "eu" resultam em ira, ressentimento e hostilidade, que dão lugar ao Diabo (Efésios 4.26-32)

Autoestima

Baixa
Insegurança
Incapacidade
Inferioridade
Culpa

Emoções

Perturbação
Mágoas
Depressão
Ansiedade
Medo
Preocupação
Dúvidas

Volição

À minha maneira

Mental *(pode transformar-se em vícios)*

Fuga por meio de:
Drogas
Sexo
Comida
Trabalho
Dinheiro
Jogos de azar

Corpo

Vários sintomas físicos:

1. Tensão/dor de cabeça
2. Colite/cólon espástico (ou síndrome do intestino irritável)
3. Problemas estomacais
4. Problemas dermatológicos
5. Palpitação
6. Doenças respiratórias
7. Fadiga
8. Outros

Diagrama II

CRISTÃO VITORIOSO

Espírito	**Relacionamentos**
• Novo nascimento (João 3.3-16; Atos 2.38,39; Romanos 8.9-11) • Nova criação em Cristo (2Coríntios 5.17) • Crucificação com Cristo (Gálatas 2.20) • Vida por meio de Cristo (1João 4.9) a. vida vitoriosa (1Coríntios 15.57) b. vida mais que vencedora (Romanos 8.37) c. vida plena (João 10.10) d. vida eterna (João 3.16; 17.13) e. vida frutífera (Gálatas 5.16-23) i. paz (Filipenses 4.6,7) ii. alegria (João 15.5-12)	1. Reconciliação uns com os outros pela graça (2Coríntios 5.18-20; 2Pedro 3.18; Hebreus 4.16) 2. Amor uns pelos outros (1João 4.7,8; 1Coríntios 13) 3. Confiança (Provérbios 3.5,6; Salmos 32.10b) 4. Respeito (1Pedro 2.17; 3.7;1Timóteo 3.2-5) 5. Comunicação edificante (Efésios 4.29) 6. Perdão uns aos outros (Efésios 4.32) 7. Oração uns pelos outros (Tiago 5.13-15) 8. Adoração (Mateus 18.20)

Jesus Cristo

É o Senhor! Não o "eu" (Gálatas 2.20; João 1.14)

Alma (personalidade)	**Corpo**
1. Mente/atitude de Cristo — atitude semelhante à de Cristo (Filipenses 2.5) 2. Força por meio de Cristo (Filipenses 4.13; Efésios 6.10) 3. Necessidades supridas por meio de Cristo (Filipenses 4.19) 4. Vontade de Deus (1Tessalonicenses 5.16-18) 5. Autoestima saudável por meio de Cristo (Gálatas 2.20) 6. Cura de emoções destruídas (2Reis 20.5; 1Pedro 2.24; Salmos 147.3)	Cura: Isaías 53.4,5; Salmos 103.2,3; Mateus 8.1-3,17; 1Pedro 2.24 1. Do pecado 2. Do físico 3. Das emoções 4. Da mente 5. Do espírito

Capítulo 4

Você está pronto para mudar?

Quando estreou muitos anos atrás, o filme *Alien* atraiu um público imenso, tornando-se um dos grandes sucessos na história dos filmes de ficção científica. A astronauta, interpretada por Sigourney Weaver, vê-se frente a frente com um antigo alienígena. Imagine a criatura mais assustadora e mais medonha que você já viu: uma figura animalesca tão grande e selvagem quanto um dragão, saída das profundezas do inferno. Aquele era o Alien. Tinha duas bocas; os dentes da boca interna assemelhavam-se aos de um esqueleto e projetavam-se vários centímetros para fora do corpo, para que pudesse devorar sua presa com uma mordida. A cabeça enorme era verde e oleosa, e ele tinha uma cauda comprida e violenta, capaz de arrancar a cabeça do adversário com um único movimento.

Qual foi a reação da astronauta diante daquele animal?

A mesma que você e eu teríamos: de terror, medo, repulsa.

Imagine uma pessoa com características físicas e emocionais semelhantes às de Alien.

Como *você* reagiria diante dela?

Se for sincero, no mínimo ficaria com medo, asco e possivelmente se sentiria ameaçado ou intimidado. A maioria de nós daria mais uma olhada para confirmar o que estava vendo e procuraria a saída mais próxima.

Vou contar-lhe de uma pessoa real semelhante àquela criatura. Seu nome é Sarah. Ela era uma mulher judia de 40 anos e recorreu a mim (Larry) em busca de aconselhamento por recomendação da diretora de uma casa de tratamento para convalescentes. Ao referir-se a Sarah, a diretora disse que "não tinha ideia do que fazer com ela". Sinceramente, eu também não tinha ideia do que fazer com ela na primeira vez que a vi.

As luzes de seu quarto estavam apagadas; as persianas, fechadas. Sua aparência física era horrível. Não tinha pálpebras, orelhas, lábios, nariz nem cabelo. A pele e os traços físicos haviam sido substituídos por uma espécie de couro enrugado.

Conversei com ela, mas ela não respondeu nem ergueu os olhos. Não disse uma palavra durante a sessão inteira. Na sessão seguinte, levei comigo um psiquiatra cristão, e ele me disse que era impossível ajudar Sarah. Ela continuou a manter um silêncio terrível. Finalmente, no final da terceira sessão, eu lhe disse: "Sarah, não vou desistir de você. Antes de voltar na semana seguinte, quero que você sensibilize alguém com sua vida". Eu confiava que o Senhor a ajudaria a fazer isso.

Sarah tentara suicidar-se nove vezes. Na nona vez, escapou por pouco, depois de atear fogo em sua casa. Os médicos disseram que "ela deveria ter morrido". Pela graça de Deus, Sarah sobreviveu. No entanto, conforme ocorre com muitas escolhas erradas que fazemos, ela sofreu algumas consequências horripilantes. Teve queimaduras de segundo e terceiro graus em mais de 90% do corpo, da cabeça aos pés. Ficou grotescamente deformada. O primeiro encontro com ela deixava qualquer um horrorizado. Ela parecia ter saído de um filme de terror. Passou vários meses no hospital antes de mudar-se para a casa de tratamento para convalescentes. Embora estivesse fisicamente recuperada das queimaduras iniciais, ela continuou a sofrer de um problema provocado por um inimigo mais mortal que o fogo — emoções de raiva, falta de esperança e desespero.

Como alguém poderia ajudar uma pessoa tão desesperada, querendo dar fim à própria vida? Ela estava muito fragilizada, machucada e feia, por dentro e por fora. Pensei: *Que problema na vida dela poderia ser tão horrível, a ponto de fazê-la desistir da vida nove vezes?* Ela tinha o direito de fazer aquilo? Afinal, sua idade lhe permitia tomar decisões sozinha. Sarah tinha o livre-arbítrio. Tinha capacidade para escolher o que queria. Muitas pessoas diriam: "Deixem que ela faça o que for 'melhor' para ela e para a sociedade. Ela não tem motivos para viver, não tem mais nada a ganhar".

O que você diria?

Já se odiou e odiou sua vida, a ponto de tentar o suicídio repetidas vezes?

Tem poucos motivos para viver, ou não tem nenhum motivo para isso?

Acha que Deus cometeu um erro quando o fez?

Acha que não existe esperança para você?

Talvez a história de Sarah mude o seu modo de pensar a respeito de muitas coisas.

O poder de doar-se

Na quarta sessão com Sarah, ficou claro que alguma coisa mudara. Abri lentamente a porta do quarto, sem saber o que me esperava. Será que eu veria uma mulher sem rosto, afundada na cama, à espera da morte, ou encontraria alguém disposto a lutar pela própria vida? Pela primeira vez em nossos encontros rápidos, eu a vi sentada na cama. As persianas estavam abertas, e a luz brilhava com um colorido vivo que antes não existia naquele quarto. E, para culminar, ela estava olhando diretamente para mim.

— Sarah — eu disse, com esperança na voz. — Algo de bom aconteceu com você.

Depois de dois ou três minutos tentando articular uma resposta, ela conseguiu dizer: —Você sabe que sim.

Ela contou que havia conversado com um homem em uma cadeira de rodas, e ele reagiu com gentileza. Os atos de estender graça a alguém são blocos de construção de relacionamentos. Embora Sarah ainda não soubesse, ela estava começando a construir pontes de amor e graça que mudariam sua vida para sempre.

O encontro dela com alguém que viu sua feiura e, mesmo assim, não a rejeitou fez toda a diferença. Sarah presenciou reações semelhantes de outras pessoas quando deu os primeiros passos para sair de sua zona de conforto e interagir com elas. Logo ela começou a participar da oficina de trabalhos artesanais na casa de tratamento para convalescentes, usando as mãos para criar algo de valor em vez de usá-las para destruir sua vida.

À medida que as semanas passaram, ela se tornou conhecida de todos os pacientes daquela casa. Percorria todos os nove andares à procura de pessoas a quem pudesse oferecer um toque carinhoso e, em retorno, receber graça em sua vida — algo de que ela tanto necessitara e havia procurado sem sucesso antes de seu trauma físico. Foi como se ela tivesse saído de casa pela primeira vez e sentido o aroma de um mundo que nunca conhecera — um mundo com o doce perfume de flores encantadoras plantadas por Deus no jardim de seu coração.

Depois de ter sido duramente rejeitada pelos pais e pelos quatro maridos, sua vida estava finalmente dando uma reviravolta para melhor. Ela estava começando a amar — e a viver — talvez pela primeira vez. Sarah estava pronta para mudar, e mudou. Sentiu a graça de Deus — e ofereceu-a aos outros e a recebeu.

Você também está pronto para mudar?

Dominando o medo

Talvez você esteja pronto, mas está com medo. Já tentou mudar. Casamentos fracassados, dietas fracassadas, tentativas de reconciliação e reabilitação fracassadas deixaram-no exausto e desconfiado de sua capacidade de passar por uma mudança verdadeira.

Talvez você esteja preocupado com o que os outros poderão pensar a seu respeito, ou esteja com medo de decepcioná-los. E se as coisas não caminharem do jeito que você (ou eles) espera? E se tiver uma recaída?

O filho de Sarah, um psiquiatra que trabalhava em outro Estado, foi uma dessas vozes. Ele desistira da mãe. Não acreditou no que a graça de Deus poderia fazer para transformá-la.

Cerca de três meses depois de Sarah ter iniciado o tratamento, ele ligou para mim e pediu-me que não a ajudasse. Achava que a mãe "não tinha condições de ser ajudada" e também "não merecia ajuda, nem merecia viver". Evidentemente, o filho guardava raiva, amargura e ressentimento no coração. É lamentável ver muitos problemas serem passados de geração a geração.

Alguns meses depois, a situação mudou para a família inteira. Sarah recuperou-se e passou algum tempo morando com a diretora da casa de tratamento durante a fase de transição. Quando ela se mudou para o novo apartamento, fui convidado a passar a Páscoa com Sarah e toda a sua família. Suas duas filhas estavam felizes pela transformação da mãe em uma pessoa gentil, benevolente e amorosa. Na verdade, ficaram tão impressionadas com o poder do amor de Cristo para transformá-la que também aceitaram Jesus como seu Senhor e Salvador.

Nunca esquecerei o que aconteceu quando o filho de Sarah abriu a porta para mim. Eu não sabia qual seria sua reação, mas ele dissipou rapidamente minha preocupação ao me dar um longo abraço que pareceu durar alguns minutos.

— Sinto muito pelo que eu disse a respeito de minha mãe. Você me perdoa? — ele perguntou.

— Claro — respondi. Já o perdoei há muito tempo.

— Muito obrigado por não ter seguido meu conselho. Obrigado por ajudar minha mãe e não desistir dela. Ela passou por uma completa transformação, muito maior do que qualquer psiquiatra poderia sonhar ou esperar.

O medo é igual a um videoteipe que reproduz continuamente nossas experiências mais aterradoras, nossos momentos mais constrangedores, rejeições, fracassos, mágoas e decepções. O medo impede-nos de agir e dizer "sim" à mudança. A mensagem do vídeo do medo é clara: A vida é cheia dessas experiências, e elas se *repetirão*. O medo nos faz dizer: "Não sou capaz de fazer isto. Vou fracassar".

É surpreendente observar que muitas pessoas têm medo da vida. O medo da vida é, na verdade, muito mais prejudicial que o medo da morte. O medo tira-nos a força. O medo encurta a vida. O medo enfraquece nosso relacionamento com as pessoas. O medo impede nosso relacionamento com Deus. O medo torna a vida desagradável. É muito estranho ver cristãos decidirem aprisionar-se nas garras do medo, sabendo que Cristo veio para libertar os cativos. Temos liberdade em Cristo e, mesmo assim, decidimos viver dentro da cela mórbida do medo, afastados das pessoas e das experiências da vida.

O medo é uma ferramenta usada por Satanás para nos paralisar e controlar. Ele quer que vivamos acorrentados ao medo. Deus, porém, não deseja isso para nós. "Porque Deus não nos deu o espírito de temor, mas de fortaleza, e de amor, e de moderação" (2Timóteo 1.7, *ARC*). Há centenas de versículos falando de medos, ansiedades, inseguranças, dúvidas, culpas e preocupações.

Por exemplo, a Palavra diz que devemos lançar todas as nossas ansiedades sobre Jesus, porque ele é o único que tem cuidado de nós, e que ele também pode melhorar nossa situação (v. 1Pedro 5.7).

A graça de Deus é a resposta para nossos problemas — e medos. O Senhor pede que você diga "sim" a ele neste instante. Esse "sim" significa aceitar a nova vida que ele tem para você e acreditar nela, e isso trará mudanças duradouras — da mesma forma que ocorreu com Sarah. Ela estava cansada daquela vida. Estava pronta para mudar. Não tinha nada a perder se entregasse sua vida a Jesus, porque já havia desistido de viver em nove ocasiões diferentes.

Jesus pede que aceitemos sua graça. Você não precisa continuar a suportar dor e sofrimento sem esperança de cura. A vida pode ser melhor. Vamos ver o que Jesus deseja que façamos e por quê: "Venham a mim, todos os que estão cansados e sobrecarregados, e eu lhes darei descanso. Tomem sobre vocês o meu jugo e aprendam de mim, pois sou manso e humilde de coração, e vocês encontrarão descanso para as suas almas. Pois o meu jugo é suave e o meu fardo é leve" (Mateus 11.28-30).

Nesses versículos, Jesus diz o que nenhum outro líder "religioso" disse. Ele afirma ter poder para aliviar nossas cargas. E diz simplesmente: "Venham a mim". Não diz: "Façam isto ou aquilo e depois encontrarão descanso". Ele apenas diz: "Venham".

Você está cansado?

Está sobrecarregado?

Em outras palavras, está carregando uma bagagem emocional ou espiritual? Está carregando o fardo da vergonha, raiva ou culpa por erros passados que determinaram como seria o resto de sua existência?

Está pronto para mudar?

Jesus diz: "Venha a mim".

"Eu lhe darei descanso", diz o Bom Pastor. Ele o aliviará de todos os erros, de toda a carga e feridas emocionais que, em seu modo de entender, nunca poderiam ser curadas. Ele pode, ele quer e ele fará isso. Mas você precisa pedir a ele.

Prontos para mudar

Robert e Renae estavam prontos para mudar. Queriam casar, mas reconheciam que tinham problemas particulares que exerciam influência negativa em seu relacionamento. Procuraram aconselhamento individual e em dupla.

Robert cresceu em uma família desestruturada que vivia brigando, discutindo, gritando e ofendendo uns aos outros de maneira verbal, mental, emocional e, às vezes, física. Robert achava que não fazia nada certo. Seus pais sempre encontravam falhas nele. O pai era particularmente cruel. Robert sentia-se rejeitado. Sentia-se um perdedor. Por isso, sua atitude em geral demonstrava ira e autoproteção. Se as coisas não corressem como ele queria, Robert reagia com ira e tentava culpar outra pessoa. E ele agia assim com Renae. Apesar de amar Robert, Renae não gostava que ele atirasse a culpa em cima dela. Ela admitia que, de vez em quando, errava, mas não o tempo todo.

Havia outro problema que exercia influência no relacionamento entre Robert e Renae: ele tinha uma filha com outra mulher. Renae preocupava-se um pouco com o relacionamento de Robert com a mãe da menina e não sabia como lidar com a situação. Sentia-se ansiosa e deprimida. Isso prejudicava seu relacionamento com Robert e, com o tempo, passou a prejudicá-la também no trabalho.

Embora Robert e Renae tivessem aceitado Jesus como seu Salvador, nenhum dos dois permitia que Jesus fosse o Senhor da vida e do relacionamento entre eles. Contudo, com a ajuda de Deus, estavam determinados a mudar a situação. Robert não queria ser egoísta, não queria permitir ser dominado pela ira e ser egocêntrico. Renae não queria que suas emoções os atrapalhassem e não queria ter medo de lidar com a ira de Robert. Reconheceram que o relacionamento entre eles não ia bem, por isso resolveram tomar uma atitude.

Robert começou a enfrentar sua mágoa e sofrimento dos tempos de infância. Reconheceu que isso havia produzido toda aquela ira e estava prejudicando sua vida e os relacionamentos atuais. Entendia que precisava perdoar ao pai, à mãe e a outras pessoas que o haviam magoado. À medida que foi perdoando cada pessoa, Robert tornou-se menos irado e com mais capacidade de lidar com a ira quando ela surgia. Descobriu que não há libertação das mágoas do passado sem perdão.

Renae presenciou a mudança em Robert. Ele deixou de atirar a culpa sobre ela o tempo todo e passou a ser mais responsável por suas ações. Sua atitude era muito mais amorosa, positiva e de aceitação. Isso encorajou Renae a perseverar e a controlar suas emoções. Ela conseguiu perdoar Robert por suas atitudes de ira no passado e as mágoas que lhe infligira. Também passou a controlar seu medo em relação à filha de Robert e à mãe da menina. Começou a apropriar-se do poder e do amor de Deus para dar-lhe estabilidade na vida. Reconheceu que o medo a dominara e prejudicara seu relacionamento com Robert.

O relacionamento entre ambos está indo bem agora porque eles aprenderam a pôr a verdade de Deus em ação — algo que os levou ao casamento! Renae e Robert não apenas aprenderam a perdoar as coisas do passado e a receber a graça de Deus; aprenderam também a *comunicar-se por meio da graça*. No capítulo 6, falaremos mais sobre como você também pode incorporar a graça que restaura na comunicação com seu cônjuge e outras pessoas, para que ocorra uma mudança duradoura nesses relacionamentos.

Recusando a apatia e optando pela maturidade

Se você está andando de mãos dadas com Jesus, acha realmente que há algumas necessidades não atendias em sua vida que não estão sendo atendidas? Claro que não, porque Deus supre todas as suas necessidades de acordo com as suas gloriosas riquezas em Cristo Jesus (v. Filipenses 4.19).

Um obstáculo para Jesus ter o controle total de sua vida é talvez você se encontrar em um estado emocional tão confuso, a ponto de "achar" que não está fazendo nada. Você toma uma decisão rápida e emocional na esperança de tentar qualquer coisa que dê certo em sua vida, mas o resultado quase sempre não passa de uma decisão sincera e raramente produz uma mudança verdadeira. Lembre-se: "Porque, como [o homem] imagina em sua alma, assim ele é" (Provérbios 23.7, *ARA*).

Muitas vezes, confiamos em antigos esquemas e habilidades para lidar com problemas e relacionamentos. Quando o medo, a preocupação ou a culpa penetram em nossa mente, em vez de processá-los por meio da verdade da Palavra de Deus, nós nos concentramos na emoção, que só serve para aumentá-los. Sem a presença de Deus e uma solução à vista, o problema em si aumenta.

A constância de emoções negativas pode produzir hostilidade e frustração nos relacionamentos. Quando o corpo tenta proteger-se por meio de pensamentos obsessivos, paranoia e fantasia, o resultado pode ser uma sucessão de emoções de depressão e ansiedade no longo prazo.

Se, porém, nós nos concentrarmos em Cristo e na sua Palavra, nossa mente, nossa vontade e nossas emoções serão curadas e fortalecidas por seu poder. Continuaremos a lidar com problemas na vida, mas agora somos capazes de processá-los por meio de um coração cheio de graça, transformado pela verdade. Ter a mente de Cristo é fundamental para a nova vida. Filipenses 4.13 afirma que podemos fazer todas as coisas por meio de Cristo. Isso é o ideal, claro. Não ocorre imediatamente. Não é um comprimido que ingerimos e passamos a ter uma vida vitoriosa para sempre. Trata-se de um processo diário de submissão, confiança, obediência e crescimento.

A história de Jane

Jane era uma moça na casa dos 20 anos e estava passando por um período difícil na vida. Sofria de depressão e muitas doenças físicas. Apesar de ter nascido em uma família cristã e aceitado Jesus quando era menina, ela havia caído na armadilha de viver a vida à sua maneira.

Casou-se aos 20 anos, contra a vontade dos pais, mas estava determinada a fazer o casamento dar certo. Tentara "salvar" o marido, mas ele deixou claro que queria estar no controle. Quando ela se rebelou contra as atitudes autoritárias do marido, ele passou a agredi-la de maneira mental, verbal, emocional e física. Ela tentou adaptar-se, procurou aconselhamento para solucionar o problema e tomou medicamentos antidepressivos, mas o casamento terminou em divórcio. Mesmo depois do divórcio, ela tentou reconciliar-se com o ex-marido, mas não conseguiu. Jane sentia-se fracassada, e aquilo tornava sua autoestima cada vez mais baixa.

Jane era vibrante e otimista até certo ponto, mas o "eu" estava no controle. Ela teve outros dois relacionamentos românticos intensos. Um deles foi um namoro semelhante a um furacão, que ela imaginou resultar em casamento, mas ele não foi adiante. Ela se entregou por inteiro, mas não deu certo. O rapaz queria viver um relacionamento íntimo com ela, sem um compromisso de casamento. Os sentimentos de rejeição e fracasso de Jane se acentuaram.

Jane era uma mulher atraente, por isso não tinha problema em chamar a atenção dos homens. Em outro relacionamento íntimo com um cristão, que, a seu ver, resultaria em pedido de casamento, ela ficou arrasada mais uma vez. Aquele homem tinha a tendência de ganhar dinheiro em grandes negócios. Estava lutando para ser milionário e ter tudo o que queria. Jane entrou em depressão profunda e aumentou a dose de medicamentos antidepressivos.

Muitas mulheres têm dificuldade em lidar com as emoções quando estão profundamente ofendidas. Quando os homens de sua vida dizem que elas são inúteis e incompetentes, muitas delas passam a acreditar nisso e a desenvolver um tipo de codependência, o que as leva a continuar o relacionamento e a sofrer mais violência. Em muitos casos, a situação da mulher só melhora depois que, com a ajuda de Cristo e de um conselheiro cristão, ela abandona de vez esse tipo de relacionamento. Somente quando submete suas emoções ao Espírito Santo é que ela recebe verdadeiramente a graça de ter controle sobre elas.

Jane não gostava de ser tão dependente de medicamentos, por isso procurou meios de reduzi-los. Tentou substituí-los por antidepressivos naturais, mas com pouco sucesso. Tentou aconselhamento. O que funcionou melhor que todas essas coisas foi a presença de Jesus em sua vida. Mais uma vez ela procurou crescer na fé. Passou a frequentar uma igreja, estudar a Bíblia, ler devocionais cristãos e dedicar mais tempo à oração. Começou a pedir a Deus que lhe enviasse um homem que a amasse como Cristo amou a Igreja e se entregou por ela. Queria agradar a Deus e confiar mais nele. Queria que Jesus fosse seu primeiro amor. Acreditava firmemente na volta de Jesus e queria ser fiel a ele até esse dia. Queria ouvir Jesus dizer quando voltasse: "A minha graça a salvou e a minha graça a sustentou".

No entanto, ela também estava ouvindo Jesus perguntar: "Você ofereceu minha graça aos homens que a ofenderam?". Aquele pensamento foi como um choque. Jane fez uma análise profunda em sua alma e constatou não haver perdoado totalmente todos os homens que a ofenderam e decepcionaram. Com a ajuda de Deus, assumiu o compromisso de terminar o que começara. Com Jesus mais uma vez no centro de sua vida, ela conseguiu completar o processo da graça que restaura. Conseguiu perdoar todos os homens de sua vida, para que pudesse ser livre novamente.

À medida que perdoou cada homem, ela foi capaz de vislumbrar seu futuro. Tinha mais alegria e paz e sentia uma aproximação íntima com Jesus. Começou a ver a graça de Deus como verdadeiramente suficiente. Sua autoestima foi renovada, e ela se sentia em paz com suas emoções porque se tornou mais forte no Senhor e mais confiante no futuro.

É verdade. A graça de Deus *é* suficiente, e ele deseja que vivamos em graça. Sua graça não é apenas suficiente para salvar-nos do pecado, mas também nos fortalece em todas as situações da vida — nas horas boas e más. Deus deseja que descubramos que ele nos ama tanto, a ponto de querer ser o Salvador e Senhor de todos os aspectos de nossa vida.

A Bíblia tem muito a dizer sobre crescimento, mudança e amadurecimento. Embora Deus nos ame como somos, ele nos ama demais para permitir que continuemos assim. Ele nos ama, por isso quer que sejamos "conformes à imagem de seu Filho" (Romanos 8.29). Ele nos ama, por isso quer ajudar-nos a crescer "em tudo naquele que é a cabeça, Cristo" (Efésios 4.15). Ele nos ama, por isso está empenhado em ajudar-nos a mudar.

Em 1Coríntios 3.1, Paulo manifestou preocupação com os cristãos de Corinto porque eles não haviam crescido espiritualmente. Ele escreveu: "Irmãos, não lhes pude falar como a espirituais, mas como a carnais, como a crianças em Cristo". O autor de Hebreus manifestou preocupação porque os leitores não haviam mudado, tinham de aprender muito e amadurecer (cf. 5.11-14). Ele inicia o capítulo 6 exortando-os a avançar para a maturidade (v. 1). O que ele realmente queria dizer era: "Ei, gente, está na hora de vocês mudarem um pouco. Está na hora de crescer".

Quando manifestamos o desejo de mudar, aprender e crescer, falamos a linguagem do amor de Deus. Estamos dizendo que acreditamos nele, confiamos nele, queremos ser a pessoa que ele planejou para nós. O desejo de mudar é nossa maneira de segurar a mão de Deus e segui-lo. Ele não permitirá que sejamos tentados além do que podemos suportar (v. 1Coríntios 10.13); ele age em todas as coisas para o bem daqueles que o amam (v. Romanos 8.28); e ele suprirá todas as nossas necessidades de acordo com suas gloriosas riquezas (v. Filipenses 4.19). Portanto, devemos abandonar o medo.

Como crescemos? Como amadurecemos? Como nos tornamos a pessoa que Deus planejou que sejamos? Como aprendemos a respeitar uns aos outros, a servir uns aos outros, a dar honra aos outros mais do que a nós mesmos?

Em 1Pedro 1.7, Pedro usa uma excelente figura de linguagem para descrever esse processo. Ele compara nossa vida ao ouro purificado pelo fogo. O processo de refinamento inclui diferentes etapas para trazer as imperfeições e as impurezas à superfície, de modo que o ourives possa retirá-las. O processo de refinamento leva tempo, é trabalhoso e, às vezes, doloroso, mas vale a pena. O resultado final é ouro puro.

Warren Wiersbe disse:

> As mudanças são benéficas para nós. Qualquer pessoa que viva intensamente sabe que não há vida sem crescimento. Quando paramos de crescer, paramos de viver e começamos a existir. Mas não há crescimento sem mudança, não há desafio sem mudança. A vida é uma série de mudanças que criam desafios, e, se quisermos ser vitoriosos, precisamos crescer.[13]

Arrisque-se a mudar

A decisão de mudar é arriscada. O verbo "mudar" significa tornar diferente, dar um rumo ou direção diferente, substituir uma coisa por outra, trocar uma coisa por outra, passar por uma transformação, transição ou substituição. Para muitas pessoas, contudo, a mudança é negativa, algo que implica inferioridade, incompetência e fracasso. A possibilidade de mudança deixa-as apavoradas. Não é de admirar que muita gente resista a essa ideia. Quem deseja sentir-se inferior e incompetente?

A mudança traz desconforto. A ela resistimos, mesmo quando é para melhor. A mudança acarreta riscos. E é arriscado correr riscos. Eu (Norm) sei disso. Tenho corrido alguns riscos. É perturbador. É desgastante. Produz ansiedade porque queremos saber por antecipação quais serão os resultados. Há risco em procurar um novo emprego. E se você for rejeitado, não apenas por uma grande empresa, mas por várias? Há risco em pedir alguém em namoro ou em casamento. E se ele/ela disser não? Isso nos ofenderia.

---

13 Extraído de uma mensagem no programa de rádio "Back to the Bible".

Pense, porém, na bênção que você poderia perder se não tentasse, se não pedisse, se não corresse o risco.

Lembro-me do risco que corri ao equilibrar-me na saliência de 10 centímetros de um rochedo, para rastejar ao redor de um penhasco que se projetava acima das águas geladas de um lago. Para aumentar a dificuldade, eu precisava soltar a mão de uma das alças para continuar a rastejar ao redor da saliência e alcançar a alça seguinte, a 2,5 metros de distância. E se meu pé escorregasse e eu caísse de uma altura de 6 metros nas águas geladas do lago? Foi um risco. Entretanto, optei por correr aquele risco para chegar à enseada do lago. Valeu a pena! Se tivesse desistido, por causa do medo, teria perdido a alegria de pescar muitas trutas douradas.

Lembro-me do risco que corri ao entrar no banco para pedir um empréstimo de 2 mil dólares. Não parece muito, mas trinta e quatro anos atrás, quando eu ganhava apenas 7 mil dólares por ano, aquela quantia era grande demais para mim. E eu estava correndo um risco. Pretendia usar o dinheiro para publicar meu curso sobre casamento. Eu tinha a forte convicção da utilidade daquele curso para que outras pessoas pudessem dar aulas enriquecedoras sobre casamento em sua igreja. Sentia a direção de Deus conectada às minhas convicções. A dificuldade em conseguir o empréstimo, porém, continuava. Qual era a garantia de que o público compraria aqueles livros? E se não se conseguisse vendê-los ou se as pessoas não vissem neles os mesmos benefícios que eu via?

No entanto, corri o risco. O plano foi aprovado. Os manuais foram impressos. Foram vendidos, e o dinheiro arrecadado deu início a um ministério de âmbito nacional sobre treinamento e produção de cursos para as igrejas. O risco era assustador, mas as bênçãos desfrutadas por milhares de casais ao longo dos anos foram mais que compensadoras.

Você diz não gostar de correr riscos? Todos nós corremos riscos; uns mais, outros menos. Talvez você nunca tenha identificado os riscos que correu na vida. Pegue uma folha de papel e faça uma lista de várias coisas que não podia fazer antes, mas agora pode. Comece com itens simples como dirigir um carro. Continue a aumentar a lista durante uma semana. Você se surpreenderá diante do que vai descobrir. Você amadureceu. Realizou muita coisa. Deus sempre trabalhou em sua vida. E tudo o que você aprendeu a fazer envolveu um risco. Use a lista para se lembrar dos riscos realmente enfrentados. À medida que continuar a correr riscos para mudar e crescer, você se descobrirá uma pessoa abençoada!

Quando corre riscos, você precisa abrir a mão e livrar-se das coisas que conta como certas. Precisa estender a mão para as coisas ainda um pouco indefinidas, mas, em geral, melhores que as conseguidas por você até o momento.

Jesus: sua resposta para a mudança

Você está pronto para mudar? Se a resposta for sim, Jesus dirá: *Venha a mim, tome o meu jugo e encontre descanso para sua alma,* porque o jugo dele é suave e seu fardo é leve. Talvez você esteja perguntando: "O que é jugo?". Jugo é uma peça de madeira que prende dois bois pelo pescoço para impedir que se desviem do caminho a ser seguido enquanto aram a terra. Em vez de dois bois andando em direções opostas e prejudicando o preparo da terra, eles trabalham juntos para realizar a tarefa. Estão ligados um ao outro. O boi mais novo aprende com o mais velho. Quando estamos ligados a Jesus por um jugo, aprendemos, crescemos e mudamos com ele.

Jesus quer você. Ele tem a graça, a mansidão, a bondade, a sabedoria e o entendimento de que você necessita para mudar. Ele tem todas aquelas coisas que precisam ser dadas a você e a mim. Ele quer que você tome seu jugo e aprenda dele. Por quê? Porque ele se importa com você, ele é manso e humilde de coração, e quer que encontremos descanso para nossa alma (v. Mateus 11.29). Jesus não quer que você se desvie do caminho ou trabalhe contra ele. Jesus o quer ensinar, ajudar e treinar para seguir o caminho em que deve andar. Porque ele diz: "Eu sou o caminho, a verdade e a vida. Ninguém vem ao Pai, a não ser por mim" (João 14.6). Se você for a Jesus, pronto para mudar, nunca mais será o mesmo.

Enquanto estiver arando o campo da vida, ligado a Jesus por um jugo, você receberá a graça de que necessita para qualquer situação (v. 2Coríntios 12.9). E, estando ligado a ele, você nunca terá de esforçar-se para encontrá-lo. Basta virar a cabeça e perguntar-lhe que caminho deve seguir: "Como devo lidar com este problema, Jesus?".

Ele quer ter essa proximidade com você! Essa é a graça que proporciona cura e transformação verdadeiras! Muito maior do que o seu desejo, é o desejo divino de que você alcance essas coisas. O Senhor diz: "Sou eu, eu mesmo, aquele que apaga suas transgressões, por amor de mim, e que não se lembra mais de seus pecados" (Isaías 43.25).

Incrível! Deus elimina todos os seus pecados, defeitos, faltas, fraquezas, mágoas passadas e todas as coisas más que o levaram a estar no lugar onde você se encontra hoje. Muitas dessas coisas não ocorreram por sua culpa. Você foi vítima do mal cometido por outra pessoa. Sua ira, amargura e seu ressentimento, porém, têm causado grande sofrimento interno a você. Deus pode eliminar tudo isso. Por quê? Porque ele só pode ter um relacionamento conosco depois de recebermos a graça do perdão de Jesus, para ser mais semelhantes a ele. Também aprendemos, por intermédio de Jesus, a oferecer, a quem nos ofendeu, a mesma graça que Deus nos concedeu gratuitamente.

Não é difícil ir a Jesus. Tudo o que você precisa fazer é responder à pergunta: Você está pronto para mudar?

Se a resposta for sim, peça a Jesus, o Autor das mudanças, que entre em sua vida e comece a realizar aquela obra de mudança por meio de Cristo em você. Da mesma forma que Sarah, que se dispôs a mudar, você também poderá iniciar a jornada que o transformará.

Sarah levou um pouco de tempo para responder afirmativamente a essa pergunta. Talvez você também precise de um tempo. Tudo bem. Lembre-se apenas de que Jesus está batendo na porta. Ele não força ninguém a mudar. Assim como a maioria de nós, você precisa estar pronto a reconhecer que essa mudança é necessária para sua vida ter o equilíbrio que você deseja. Então começará a encontrar o verdadeiro significado, o verdadeiro propósito e a verdadeira satisfação para sua vida.

Se sua resposta à pergunta sobre mudança for "não", você terá de responder a outras perguntas: Sua vida está como você quer que ela esteja? Está totalmente satisfeito com quem você é, com o que você é e com a influência que deseja exercer em seu mundo? Há fraquezas irritantes das quais você gostaria de se livrar? Todos os seus relacionamentos vão bem?

Se você for sincero consigo mesmo, haverá alguns "nãos" a essas perguntas. Aliás, a resposta a todas essas perguntas provavelmente será "não", ou pelo menos um "não" moderado — sugerindo que há espaço para melhorar. Nas reuniões dos Alcoólicos Anônimos e Narcóticos Anônimos, o primeiro passo implica aceitar que existe um problema e que existe um poder mais alto para dar assistência diante desse problema. O poder mais alto é Jesus, e ele continua a ser a chave para que você se torne uma pessoa feliz, alegre e livre, uma pessoa cheia de paz.

Jesus leu as seguintes palavras do livro do profeta Isaías:

> "O Espírito do Senhor está sobre mim, porque ele me ungiu para pregar boas-novas aos pobres. Ele me enviou para proclamar liberdade aos presos e recuperação da vista aos cegos, para libertar os oprimidos e proclamar o ano da graça do Senhor." Então ele fechou o livro, devolveu-o ao assistente e assentou-se. Na sinagoga todos tinham os olhos fitos nele; e ele começou a dizer-lhes: "Hoje se cumpriu a Escritura que vocês acabaram de ouvir". (Lucas 4.18-21)

Com essas palavras, Jesus começou seu ministério público. Observe o que Jesus disse e o que ele não disse. Jesus estava citando Isaías 61, mas não repetiu o texto palavra por palavra. Deixou fora a última parte do versículo 2 que diz: "e o dia da vingança do nosso Deus". Foi uma omissão interessante, ou talvez houvesse um propósito por detrás disso. Lembre-se do que Jesus disse: "Pois Deus enviou o seu Filho ao mundo, não para condenar o mundo, mas para que este fosse salvo por meio dele" (João 3.17).

Jesus veio para fazer coisas novas. Veio com graça, misericórdia e paz. Veio para dar-nos vida e vida plena. Não veio com uma espada, mas com uma palavra — uma palavra de encorajamento, não de julgamento. Essa palavra é a palavra de vida que ele deseja que todos nós recebamos. E esse é o alicerce para a verdadeira mudança.

A história de Bill

Bill era um caubói do Texas, alto e na casa dos 40 anos, que nasceu e foi criado na área central do Texas ocidental. Era um homem robusto, o estereótipo de um ocidental.

Como muitos homens, Bill tinha problema com a ira. Na verdade, sua ira era tão pronunciada que se manifestava em ataques de raiva, depressão e pensamentos suicidas. Aparentemente, o uso de antidepressivos não surtiu nenhum efeito sobre sua ira. Depois de um episódio de irritação explosiva com a esposa, ela ficou tão ofendida que o enfrentou e insistiu para que ele procurasse aconselhamento.

Quando era jovem, Bill sufocava a ira. Tornou-se caubói e distanciava-se de relacionamentos íntimos. Gostava de festas, procurava a companhia de mulheres e, um dia, engravidou uma delas. Casou-se com ela, mas continuou a manter distância.

Bill havia nascido de novo; no entanto, Jesus estava sentado na cerca dos fundos, observando-o destruir a vida em razão de sua relutância em entregar a Jesus tudo o que o levava a ser tão cheio de ira e de amargura. A ira não era apenas resultado da repressão de sentimentos de rejeição e inferioridade. Sua vida imoral e rebeldia eram pecados de um homem incapaz de enfrentar as mágoas passadas.

Bill chegou a ficar tão frustrado consigo mesmo que passou a ter tendência suicida; e, para culminar, estava correndo o grande risco de perder o amor de sua vida — a mãe de seus filhos.

Talvez você seja semelhante a Bill e tenha chegado a um ponto na vida no qual está apto para dizer como ele: "Chegou a hora. Estou pronto para mudar".

A história de José

José era um hispânico, tinha 18 anos e carregava um problema com ele. Assim como Bill, o problema era tão grande que poderia causar a perda da única coisa que lhe importava: sua namorada. Ela era uma moça bonita e ainda frequentava o colégio cristão onde eles se conheceram. José conhecia Jesus como seu Salvador, mas, como muitos homens, confiava demais em si mesmo para suprir suas necessidades, tomar conta dos problemas e ser "homem". Achava que estava no controle de sua vida. Esse orgulho sem sentido leva-nos a ficar separados de Cristo. Se Cristo não estiver mais no centro de nossa vida, estaremos sujeitos a muitos erros cometidos pelo "eu" ao longo do caminho.

Durante uma explosão de raiva, José quase agrediu o amor de sua vida. Talvez seu orgulho tivesse sido desafiado; sua masculinidade, questionada; sua autoridade, usurpada. Não importa o que causou a explosão. O importante foi ele ter desabafado sua ira com violência verbal contra a namorada. Isso causou a separação do casal, e ela não queria vê-lo novamente. Embora gostassem de José, os pais dela disseram que, antes de procurar reconciliar-se com ela, ele precisava buscar ajuda profissional.

Você já esteve em uma situação na qual a pessoa (ou objetivo ou objeto) que valorizava acima de tudo estava prestes a ser retirado de sua vida, não por causa de uma força externa ou circunstância, mas por causa de sua amargura, ira e do ressentimento dirigidos àquela pessoa?

Pergunte a si mesmo: *Qual a origem desta raiva? Como posso ser capaz de perder desta maneira aquilo que eu amo? Por que eu me arriscaria a perder tudo o que consegui a duras penas só por causa de um acesso de raiva? O orgulho não precede a queda?*

No capítulo 5, analisaremos a raiva e a forma pela qual ela produz problemas nos relacionamentos. Discutiremos a origem da raiva e, acima de tudo, como vencer, da mesma forma que José, esse sentimento abominável.

OK, estou pronto para mudar.

Oh, Senhor, sim, estou pronto para mudar!

Capítulo 5

Como a Palavra de Deus muda seus pensamentos

Eu não deveria estar aqui esta manhã. Jack está aborrecido comigo de novo. Nada, absolutamente nada, tem dado certo nestes últimos tempos. Gostaria que esta depressão fosse embora. Sei que há alguma coisa errada no modo de agir de Jack. Duvido que alguém saiba como me sinto. Por que o pastor decidiu falar sobre este tema hoje? Será que ele não sabe quanto isso me faz mal? Os pensamentos da mulher continuam na mesma linha até o final do culto. Tão logo se afasta do local, ela volta a ter a aparência de uma pessoa satisfeita, feliz. No entanto, nós sabemos que não é assim, certo?

Um rapaz está sentado na fileira da frente, olhando firme para o pastor durante o culto. Ele deve estar concordando com a maior parte do que ouve porque movimenta a cabeça de tempos em tempos em sinal de aprovação. Está elegantemente vestido e parece ser benquisto pelos colegas. Várias faculdades já o procuraram por suas aptidões acadêmicas e atléticas. Ele parece ter a vida em ordem e um futuro brilhante.

Vamos penetrar nos pensamentos dele durante o culto: *Estou aturdido... Gostaria de saber o que as pessoas da igreja dizem a meu respeito... Para mim, tanto faz. Eu não me importo com coisa nenhuma. Não sei por que sou assim... Não sei o que o pastor disse esta manhã. Não ouvi uma só palavra até agora. Eu não tenho jeito mesmo... Nunca vou ser diferente. Sei que os outros desconfiam de mim. Devem estar falando de mim. Bem... assim eles vão ter um assunto sobre que falar. Ainda faltam duas horas... duas horas para aguentar.*

Diálogo interior: o poder das palavras não verbalizadas

Jamais conheceríamos os pensamentos íntimos, os sentimentos íntimos e o turbilhão íntimo dessas duas pessoas, se olhássemos de relance para elas. Somente Deus conhece nossos pensamentos e sentimentos interiores. No entanto, essa reflexão é a causa da maioria de nossos problemas.

Todos nós conversamos com nossos botões diariamente. Essa conversa chama-se "diálogo interior". Você sabe qual é a importância e o impacto disso? O diálogo interior *inicia* e *intensifica* nossas *emoções*. O diálogo interior dirige a maneira com que nos *comportamos* diante dos outros. O diálogo interior determina o que dizemos aos outros. O diálogo interior nos mantém presos ao passado e prejudica nosso futuro.

Há um evento importante que nos tornou propensos a passar pelas dificuldades enfrentadas hoje. O evento chama-se "Queda". Adão e Eva deram ouvidos a Satanás e rebelaram-se contra Deus e seus planos. E, em razão da Queda, o pecado interferiu no relacionamento de Adão e Eva com Deus, e a imperfeição entrou em nosso mundo e existe em muitas áreas da vida de hoje.

Na Queda, perdemos a perfeição ecológica natural. O mundo natural está fora de equilíbrio, e isso se manifesta em forma de terremotos, tempestades, inundações, tornados, erupções vulcânicas, e assim por diante.

Perdemos a perfeição física. Somos todos vítimas de um conjunto de genes, que se tornam cada vez mais imperfeitos, porque as deficiências passam de uma geração para outra.

Perdemos a perfeição mental e, em lugar disso, adquirimos a tendência de ter pensamentos negativos ou destrutivos.

Perdemos a perfeição emocional. Estamos desequilibrados emocionalmente.

Perdemos a perfeição relacional. A sinceridade e a transparência que Adão e Eva desfrutavam antes da Queda não existem mais.

Perdemos a perfeição espiritual. A vida centralizada em Deus foi substituída pela vida centralizada no "eu".[14]

A Queda exerce influência em todos os aspectos de nossa conversação. Você e eu conversamos sozinhos todos os dias. Isso não significa que sejamos pessoas estranhas ou estejamos prestes a perder o juízo. É normal ter um diálogo interior. Após a leitura deste capítulo, espero que você se conscientize muito mais de seu diálogo interior. Provavelmente ficará assustado com a quantidade de tempo gasta nesses diálogos interiores e como eles exercem influência em seus relacionamentos. Pense nisto:

O que você diz aos outros e como diz é uma expressão direta de seu diálogo interior.

O que está do lado de fora reflete o que está dentro.

Diálogo interior é a mensagem dita por você a si mesmo a respeito de si mesmo, de outras pessoas, de suas experiências, do passado, do futuro ou de Deus. É um conjunto de pensamentos de avaliação sobre fatos e eventos que aconteceram a você. Como os eventos se repetem, a maioria de seus pensamentos e, por conseguinte, suas reações emocionais, tornam-se quase automáticas.

---

14 SEAMANDS, David. **Healing Grace**. Colorado Springs, CO: Victor Books, 1988, adaptado, p. 61-65.

Às vezes, as palavras ditas por você a si mesmo não se transformam em afirmações claras. Assemelham-se mais a impressões. Todavia, você passa a acreditar nelas. Essas afirmações silenciosas formam um sulco em seu cérebro, onde são ouvidas bem alto e com muita frequência.[15]

A história de Steve

Steve criou um sulco profundo em sua mente, e isso se manifestava de forma audível. Nas sessões de aconselhamento, ele se tornou mais consciente da ira e de todas as mágoas, decepções e rejeições que sofrera de seus finados pais. Começou, então, a descobrir que sua ira não havia magoado apenas seus pais, mas estava também prejudicando sua esposa e filhos. A rejeição que sentiu dos pais o fez trancar-se emocionalmente, tornando-o distante da família. E, uma vez que ele tinha a tendência de não se envolver com a esposa e os filhos, o sentimento de rejeição foi transferido para eles.

A reação (o diálogo interior) de Steve era: "Como posso oferecer amor e aceitação à minha esposa e aos meus filhos se nunca recebi nada disso de minha família?". Esse era o raciocínio de Steve, e era isso que ele sempre dizia a si mesmo. É fácil cair na armadilha de nossas palavras (v. Provérbios 6.2). Os neurocirurgiões descobriram que o centro da fala no cérebro controla todos os nervos de nosso corpo — outra prova de que falamos o que captamos no cérebro.

Steve está expressando o que muitos homens e mulheres sentem. Como posso oferecer algo que não recebi?

---

15 Parrott, Les e Leslie. **Love Talk**. Grand Rapids, MI: Zondervan, 2004, adaptado, p. 153.

Sim, é difícil oferecer amor e aceitação e entregar-se emocionalmente a outras pessoas, em especial à esposa e aos filhos, se você não recebeu nada disso na infância.

No entanto, o que Steve mais queria era ser amado e aceito pela esposa e pelos filhos, portanto dispôs-se a lidar com o passado para curar todas as suas mágoas. Apesar de ter recebido a graça de Deus por meio de Jesus Cristo, ele nunca pensara em oferecer essa graça aos pais e à irmã, a filha predileta deles. Steve dizia a si mesmo: "Eles não merecem meu perdão. Veja o que fizeram comigo. Não é justo!". Ele era uma pessoa forte e controladora e achava que precisava exercer autoridade para não voltar a ser magoado pelos outros.

Steve, porém, estava determinado a oferecer à família esse dom da graça concedida por Deus a ele. O momento da verdade ocorreu quando ele reconheceu o fato de o perdão que ele supunha ter oferecido aos pais não passar de um pseudoperdão, de uma formalidade exercida em sua mente, não no coração. Steve orou sobre isso e, por intermédio de Jesus, descobriu ser capaz de perdoar verdadeiramente os pais. Ele disse: "Foi como se alguém tivesse tirado o monte Everest de meus ombros".

O diálogo interior de Steve tornou-se mais positivo e misericordioso. Steve libertou-se emocionalmente para amar e aceitar a esposa e os filhos. A princípio, os outros ficaram ressabiados, sem saber quando a ira de Steve explodiria, mas, depois de alguns meses, a esposa, e depois os três filhos, começaram a reagir com amor e aceitação em relação a ele.

Sherry, a filha mais velha de Steve, que morava em outro país, foi informada pela mãe e pelos irmãos sobre a mudança ocorrida com o pai, e decidiu ver com os próprios olhos. O diálogo interior de Sherry era este: "O papai nunca vai mudar. É melhor ficar longe dele para não sofrer mais". Depois das notícias que ouviu da mãe e dos irmãos, o diálogo interior de Sherry mudou para: "Talvez o papai tenha mudado. Eu gostaria muito de ter um bom relacionamento com ele".

Foi comovente ver Steve e a filha começarem a interagir de forma carinhosa, talvez pela primeira vez na vida. Sherry manifestou o desejo de conceder graça ao pai, pois já tinha um relacionamento com Jesus. Em uma sessão de aconselhamento, Sherry entrou e sentou-se no colo do pai, algo que nunca fizera na infância. Ambos choraram e se abraçaram. Sherry explicou que suas esperanças e sonhos de que um dia ela e o pai se reconciliariam e se amariam foram concretizadas. O novo relacionamento entre Steve e Sherry trouxe-lhes muitas alegrias. Agora o diálogo interno deles gira em torno de gratidão a Deus.

Com base em suas convicções

O diálogo interior (ou conversa interior) em geral não é uma emoção nem um sentimento. O diálogo interior pode ser comparado a pensamentos de avaliação. A expressão de ira, a maneira de demonstrar amor e de lidar com conflitos são movidos pelo diálogo interior. Talvez você saiba disso, talvez não. O diálogo interior pode estar baseado em algumas atitudes. Uma atitude positiva em relação à vida tende a produzir diálogo interior positivo, ao passo que uma atitude negativa produz diálogo interior negativo. O diálogo interior *baseia-se* em suas convicções. E aquilo que você acredita realmente manifesta-se em suas conversas interiores e orais.

A maioria das pessoas com quem conversamos acredita que os eventos externos, as outras pessoas e as circunstâncias determinam suas emoções, seus comportamentos e suas reações verbais. Isso certamente exerce influência sobre nós, mas, em geral, são os nossos pensamentos que determinam como nos sentimos, nos comportamos e falamos. Mesmo quando nossos pensamentos são pensamentos irracionais, temos a tendência de acreditar neles. Aquilo que pensamos acerca de certas coisas ou pessoas determinará nossas emoções, nossos comportamentos e nossas reações verbais. Preferimos pensar que o problema está nas outras pessoas, porque é mais fácil culpar alguém e não assumir: "Fui eu". Costumamos dizer: "Eu estou certo, e você está errado. Não sou eu quem precisa mudar".

A título de exemplo de como os pensamentos exercem influência em nosso diálogo interior, pense nestas convicções comuns acerca do casamento:

1. Meu cônjuge deveria me fazer feliz.
2. Meu cônjuge deveria suprir todas as minhas necessidades.
3. Meu cônjuge deveria saber quais são as minhas necessidades sem que eu tivesse de lhe dizer.
4. Meu cônjuge deveria estar disposto a fazer tudo do jeito que eu gosto.
5. Meu cônjuge não deveria reagir com irritação ou raiva em relação a mim.

Essas afirmações refletem egoísmo ou graça?

Se você tem uma dessas convicções, ela produzirá um pensamento atrás do outro, cada vez mais intenso, mais irritante e mais estressante que o anterior. Na verdade, muitas pessoas entabulam conversas consigo mesmas ou conversas imaginárias com outra pessoa, a ponto de acreditar que houve realmente uma conversa! Já aconteceu com você?

Estes são alguns pensamentos rotineiros que provavelmente passam por nossa mente de vez em quando:

"Meu cônjuge nunca vai mudar. Ele(ela) será sempre assim."

"Nunca vou poder suprir as necessidades dele(dela)."

"Se eu levantar aquele assunto, ele(ela) vai ficar furioso(a) novamente."

"Se eu lhe contar o que aconteceu, ele(ela) nunca mais vai confiar em mim."

"Por que aborrecê-lo(a) com isto? Ele(ela) vai se recusar a falar do assunto novamente."

"Ele(ela) me odeia."

"Sei que ele(ela) está tendo um caso com alguém."

"Ele(ela) é tão desligado(a)! Já está na hora de agir como um adulto."

"Tudo o que eu faço em casa precisa ser perfeito."

Tenho ouvido esses pensamentos serem expressados por muitas pessoas. Em sua opinião, que efeito cada uma dessas afirmativas teria em seu estado emocional? E em seu relacionamento com a outra pessoa?

O diálogo interior causa e cria imagens em nossa mente. Quando essas imagens começam a emergir, nossa imaginação é chamada a entrar em ação. Quando reproduzimos as imagens na tela panorâmica da mente, nosso diálogo interior se expande e se fortalece.

Como você pensa?

Você fica pensando no que vai pensar em seguida? Claro que não! Os pensamentos penetram tão de mansinho em nossa consciência que não percebemos. Muitos são estimulados por experiências, atitudes e convicções passadas. Construímos depósitos de lembranças e experiências, retendo e lembrando aquelas nas quais mais nos concentramos.

Quer sejam automáticos quer sejam conscientes, quais são os seus pensamentos? São negativos ou positivos? Os pensamentos de quase todas as pessoas preocupadas, deprimidas, irritadas ou críticas em relação aos outros são automaticamente negativos.

Uma característica dos pensamentos negativos é que eles são, em geral, errados. Não refletem a realidade. Refletem nossa insegurança, sentimentos de incompetência e medos. Esses invasores não deveriam ser convidados a entrar em nossa mente. São, em geral, conclusões exageradamente negativas a respeito de nós, de nosso futuro, nosso cônjuge, nosso casamento e nossa vida. Esses tipos de pensamentos nos paralisam. Analise a lista a seguir e veja se algum item descreve o processo de seu pensamento.

1. *Pensamento do tudo ou nada.* A pessoa que pensa dessa maneira vê tudo em branco e preto. Não vê sequer a tonalidade cinza. Os perfeccionistas veem seu trabalho de duas maneiras: perfeito ou péssimo. A pessoa equilibrada vê variações e exceções em quase todas as áreas da vida.
2. *Generalização exacerbada.* É a tendência de tirar conclusões impulsivas das mínimas evidências. A pessoa com pensamentos saudáveis tira conclusões só depois de analisar cuidadosamente as evidências.

3. *Filtro mental negativo.* Ao filtrar as informações positivas ou boas, essa pessoa tem a tendência de não ouvir elogios ou palavras de congratulações. Ela ouve apenas as críticas. A pessoa com pensamentos saudáveis ouve o que é bom e o que é mau. Esse filtro mental negativo também exclui o que é positivo; em outras palavras, a pessoa ouve o elogio, mas o desconsidera. Descarta todas as palavras de congratulações ou elogios.
4. *Conclusões precipitadas.* Esse é um problema comum. Ocorre quando acreditamos que sabemos o que a outra pessoa está pensando de nós. Achamos que somos capazes de ler a mente dos outros. Muitos mal-entendidos ocorrem pelo fato de supormos que conhecemos os pensamentos dos outros.
5. *Maximização/minimização.* Ocorre quando alguém exagera a importância de eventos ou encontros isolados. Essa pessoa maximiza suas emoções, seus erros ou suas imperfeições e minimiza os possíveis sucessos.
6. *Raciocínio emocional.* Ocorre quando vemos um resultado produzido diretamente por nossas emoções. Por exemplo, achamos que não temos nenhuma chance de passar em um exame, por isso não comparecemos a ele.
7. *Afirmações do tipo "eu deveria".* Essa é outra perturbação mental comum na qual a pessoa tem um conjunto rígido de regras internas sobre o que ela deve fazer, precisa fazer e não pode fazer.

8. *Rotulagem.* Ocorre quando temos a tendência de nos rotular com palavras negativas como "idiota", "imbecil" ou "perdedor".
9. *Personalização.* A personalização é marcada pela tendência de nos culpar por eventos sobre os quais não temos nenhum controle ou menos controle que imaginamos.[16]

Você se identifica com algumas dessas descrições? Vamos analisar um pouco mais os nossos pensamentos. Se você procurar o verbo "caluniar" no dicionário, descobrirá que significa fazer uma ou mais declarações falsas que mancham o caráter ou a reputação de alguém.[17] Grande parte de nossos pensamentos a respeito uns dos outros se enquadra nesta categoria.

Muitos cônjuges caluniam uns aos outros mentalmente. Muitos pais e filhos fazem o mesmo. Tenho ouvido vários comentários desse tipo em meu consultório. E esse modo de pensar, capaz de assassinar o caráter de alguém, produz conflito e distância no casamento, na família e nos demais relacionamentos. Quando temos pensamentos caluniosos, não estamos reagindo com graça nem oferecendo graça.

Você já esteve diante de um assassino? Provavelmente não. O assassino tem uma missão e um objetivo em mente — matar. Há poucos cônjuges que assassinam fisicamente seu companheiro, mas muitos o assassinam na mente, destruindo-lhe o caráter. O assassinato do caráter

---

16 COLBERT, Don, M.D. **Deadly Emotions**. Nashville, TN: Thomas Nelson, 2003, adaptado, p. 156-158.

17 **Merriam-Webster's Collegiate Dictionary**, 10. ed., verbete "slander".

é a causa principal de muitos problemas conjugais. Por outro lado, se reagirmos de maneira positiva na mente, nossa maneira de agir e de falar será diferente.[18]

Quase sempre o problema com o que dizemos um ao outro (e em geral nos arrependemos depois) é resultado de minutos, até mesmo horas, de diálogo interior acerca de nosso cônjuge ou situação. Esses pensamentos surgem automaticamente e se escondem no meio de outros pensamentos. Os autores de *We Can Work It Out* [Nós podemos resolver], os chamam de "pensamentos quentes" e os descrevem desta maneira:

> Os pensamentos quentes produzem sentimentos de desânimo ("Ele nunca vai mudar"), ira e ressentimento ("Não mereço ser tratado assim") e até depressão ("Eu só quero ficar na cama, ver TV e comer"). Os pensamentos quentes também levam diretamente a tendências destrutivas naquilo que dizemos uns aos outros. Se você estiver zangado e desanimado, suas palavras expressarão esses sentimentos. Provavelmente vai criticar seu parceiro, apresentar soluções negativas para o problema, adivinhar os pensamentos e sentimentos de seu parceiro e deixar de ouvi-lo. Esses tipos de comportamento tendem a provocar reações iguais de seu parceiro, por isso você se verá no meio de uma discussão que confirmará seus piores pensamentos. Trata-se de um círculo vicioso.

---

[18] NOTORIUS, Clifford I.; MARKMAN, Howard J. **We Can Work It Out, How to Solve Conflicts, Save Your Marriage, and Strengthen Your Love for Each Other**. New York: GP Putnam's Sons, 1993, p. 139.

> Seus pensamentos levam a ações que aumentam a possibilidade de conflito, e os conflitos inevitáveis geram energia para outros pensamentos quentes. Rapidamente você perceberá que caiu na armadilha de uma ou mais tendências conhecidas hoje como escalada e perseguição — afastamento.[19]

Você entendeu o significado desses pensamentos quentes e perniciosos e por que devem ser evitados? Para evitá-los, esforce-se para amar o caráter de seu parceiro em vez de assassiná-lo. O fato de você amar mentalmente seu cônjuge produzirá pensamentos mais positivos e saudáveis, que, por sua vez, produzirão uma vida conjugal melhor e mais gratificante.

Em outras palavras, tudo o que acontece na vida conjugal é reflexo do que se passa na mente e no coração de cada um dos cônjuges, e esses pensamentos podem ser positivos ou negativos. Seus pensamentos enquadram-se mais na categoria do "eu" ou na categoria da "graça"? Os relacionamentos positivos ou negativos (com o cônjuge, o pai ou a mãe, o filho, o amigo, o colega de trabalho etc.) tornam-se uma escolha — sua escolha.

Max Lucado contou a história do navio mais indesejado do mundo, o *Pelicano*. Nenhum país quis o navio. Nenhum país permitiu que ele aportasse em suas águas. O navio estava em boas condições de navegação, e seus donos eram pessoas respeitáveis.

Havia, porém, um problema: o navio transportava 15 mil toneladas de lixo, desde cascas de laranja, garrafas de cerveja e jornais até dezenas de outros entulhos. Ele foi

---

19 Id., ibid., p. 144-145.

carregado com o lixo do verão de 1986 da Filadélfia. Os funcionários municipais encarregados de recolher o lixo haviam entrado em greve, e a pilha foi aumentando cada vez mais. Ninguém queria aquele lixo. Os proprietários do *Pelicano* imaginaram que poderiam ganhar dinheiro transportando-o para outro lugar qualquer. Contudo, ninguém o queria. A quantidade de lixo era grande demais e muito antiga. Poderia ser tóxica.

Ninguém quer um navio lotado de lixo. Pouquíssimas pessoas querem conviver com alguém cuja mente e cujo coração estejam abarrotados de lixo.[20] O lixo contamina os relacionamentos. Pense nisto:

> Os pensamentos de hoje são os atos de amanhã.
> A intolerância de hoje é o crime de ódio de amanhã.
> A ira de hoje é a violência de amanhã.
> A luxúria de hoje é o adultério de amanhã.
> A ganância de hoje é a fraude de amanhã.
> O medo de hoje é a realidade de amanhã.

Algumas pessoas não sabem que temos opção. Se prestasse atenção ao nosso vocabulário, você pensaria que somos vítimas de nossos pensamentos.[21]

Você acha que podemos escolher os pensamentos alimentados por nós ou convidá-los para entrar em nossa mente? Paulo diz que podemos: "[...] levamos cativo todo pensamento, para torná-lo obediente a Cristo" (2Coríntios 10.5b). Nossa tarefa é enfrentar todo pensamento

---

20 LUCADO, Max. **A Love Worth Giving**. Nashville, TN: W Publishing Group, 2002, adaptado, p. 87-88 [**Aprenda a compartilhar um amor que vale a pena**. Rio de Janeiro: CPAD, 2003].

21 Id., ibid., p. 88-89.

e dizer: "Pare onde está! Você não está autorizado a entrar em *minha* mente!".

Max Lucado prossegue, dizendo: "Que tal se você fizesse isso? Se levasse todo pensamento cativo? Se impedisse que qualquer espécie de lixo entrasse em sua mente? Se seguisse o conselho de Salomão: 'Acima de tudo, guarde o seu coração, pois dele depende toda a sua vida' (Provérbios 4.23)?"[22]

Você não é vítima de seus pensamentos. Tem uma opção; tem uma voz. Pode exercitar a mente para impedir a entrada de pensamentos. Pode também exercitar a permissão de pensamentos.[23] Lembre-se: os pensamentos transformam-se em ações.

Mudança radical da mente

E quanto à Palavra de Deus? O que Deus diz a respeito de nossos pensamentos? A Bíblia tem muito a dizer sobre o modo de pensar e os pensamentos. As palavras "pensar", "pensamento", "mente" e "mentalidade" aparecem mais de 300 vezes na Bíblia. Lemos em Provérbios 23.7: "Porque, como [o homem] imagina em sua alma, assim ele é" (*ARA*).

O que a Bíblia diz sobre nossas conversas ou diálogos interiores?

A Bíblia revela que nossa mente é, em geral, a base para as dificuldades e os problemas enfrentados por nós. Romanos 8.6,7 afirma:

> A mentalidade da carne [ou seja, a percepção e a razão sem o Espírito Santo] é morte

[22] Id., ibid.
[23] Id., ibid., p. 90-91.

> — morte que engloba todos os infortúnios da vida provenientes do pecado, tanto de hoje como do futuro. Mas a mentalidade do Espírito [Santo] é vida e paz na alma [...]. [Isto é] porque a mentalidade da carne — com seus pensamentos e propósitos carnais — é hostil a Deus. (*AMP*, tradução livre)

Deus conhece a essência de nossos pensamentos: "Todos os caminhos do homem são puros aos seus olhos, mas o Senhor pesa o espírito — os pensamentos e as intenções do coração". (Provérbios 16.2, *AMP*, tradução livre). Também, "a palavra de Deus é viva e eficaz, e mais afiada que qualquer espada de dois gumes; ela penetra até o ponto de dividir alma e espírito, juntas e medulas, e julga os pensamentos e intenções do coração" (Hebreus 4.12).

O cristão não tem de ser dominado pelo seu modo antigo de pensar. Fomos libertados! "Pois Deus não nos deu espírito de covardia, mas de poder, de amor e de equilíbrio" (2Timóteo 1.7). Equilíbrio significa que a nova mentalidade pode pensar corretamente, de forma que honre a Deus, a nós e aos outros.

Você sabia que todos nós necessitamos de uma "transformação radical" quando se trata de nosso modo de pensar? É verdade. De maneira curiosa, nossa cultura é extremamente radical na questão da aparência física, e é surpreendente o número de pessoas que se dispõem a submeter-se a um bisturi para eliminar algumas rugas e sinais de idade.

Uma amiga descreve o que Deus deseja para nós:

> Você sabia que Deus o escolheu para ser submetido a uma "transformação radical"?

> A maioria de nós recorre à Palavra de Deus em busca de conselho para ajudar-nos a fazer pequenos ajustes na vida, e então descobrimos que Deus deseja fazer algo mais poderoso e intenso. Ele quer penetrar nos cantos escuros de nossa vida interior, mexer nos pensamentos e atitudes de nosso coração e transformar-nos em uma pessoa que irradie sua beleza e graça. Essa transformação é um processo doloroso e contínuo, e a ferramenta usada por Deus na maioria das vezes é a sua Palavra, que faz cortes profundos e expõe abertamente a feiura que gostaríamos de manter escondida. Então ele começa o trabalho de podar aquilo que nos está impedindo de exibir a beleza de sua presença em nossa vida. E essa poda é dolorosa.[24]

O que você pode fazer para transformar sua mente? Deixe que ela se encha com a *mente de Cristo*. A Bíblia encoraja-nos a fazer isso! Paulo ordena em Filipenses 2.5: "Que esta mente esteja em vocês, a qual esteve também em Cristo Jesus" (*KJV*, tradução livre). Essa ordem pode ser traduzida assim: "Pensem constantemente nisto ou reflitam a *mente de Cristo Jesus* em sua mente". O significado da expressão "esta mente esteja" é "tenha entendimento, seja sábio, dirija sua mente para uma coisa, busque-a ou lute por ela".

Procure entender: aos olhos de Deus, aquilo que se passa em nossa mente tem peso igual à forma pela qual nos comportamos. Às vezes, a Bíblia usa a palavra "coração", onde usaríamos a palavra "mente", como em

---

24 Guthrie, Nancy. **The One Year Book of Hope**. Tyndale Publishers, 2005, p. 357.

Provérbios 23.12a: "Dedique à disciplina o seu coração [...]". No Novo Testamento, Jesus usou a palavra "coração" no mesmo sentido: "Conhecendo Jesus seus pensamentos, disse-lhes: 'Por que vocês pensam maldosamente em seu *coração*?' " (Mateus 9.4, grifo nosso).

Deus está olhando nossa mente, olhando dentro de nosso coração. Devemos ter a mente de Cristo. Somos chamados a ser mais e mais semelhantes a Deus, a revestir-nos "do novo homem, criado para ser semelhante a Deus em justiça e em santidade provenientes da verdade" (Efésios 4.24). O propósito do novo "eu" é ser parecido com Deus. Paulo disse aos Colossenses: "[Vocês] se revestiram do novo, o qual está sendo renovado em conhecimento, à imagem do seu Criador" (3.10). Como você pode fazer isso? Não pode. Isto é, não pode fazer isso sozinho. Entretanto, pelo poder do Espírito Santo e pelo lavar de nossa mente com a Palavra, podemos ser conformes à imagem de Cristo.

Medite nestes versículos:

"A mentalidade da carne é a morte, mas a mentalidade do Espírito é *vida* e paz" (Romanos 8.6, grifo nosso). Deus quer que nossa mente esteja viva. A mente viva escolhe a Bíblia como norma e recebe a direção de Deus. Fazemos escolhas com a mente, e isso nos leva a crescer e a refletir a graça de Deus em nossas reações com as outras pessoas.

Até onde sua mente está viva nesse sentido?

Deus também deseja que haja *paz* em nossa mente: "[...] a mentalidade do Espírito é vida e *paz*" (Romanos 8.6, grifo nosso). E a paz de Deus pode estar presente em meio ao caos e ao tumulto.

Talvez você tenha visto uma competição entre corredores ou nadadores. A instrução dada antes de "já!"

é "preparar!". Eles se posicionam e concentram-se totalmente no valor daquilo que estão fazendo, para impedir a entrada de outros pensamentos. Somos chamados a "preparar" nossa mente.

Até onde sua mente está preparada nesse sentido?

Somos também chamados a tomar decisões firmes e não desviar a atenção para outras coisas. Paulo escreveu: "O que receio, e quero evitar, é que assim como a serpente enganou Eva com astúcia, a mente de vocês seja corrompida e se desvie da sua sincera e pura devoção a Cristo" (2Coríntios 11.3). É fácil desviar a atenção ou distrair-se. Aquilo em que nos concentramos aumenta de tamanho. Em que você está se concentrando?

Até onde você é firme em suas decisões nesse sentido?

Encontramos outra norma piedosa para nossa mente em Filipenses 2.3: "Nada façam por ambição egoísta ou por vaidade, mas humildemente considerem os outros superiores a si mesmos". Somos chamados a ter mente humilde. Não somos nossos criadores, ou, como alguns dizem, não "nos tornamos figuras lendárias em nossa mente". Essa humildade origina-se da submissão à vontade de Deus. A mente de Cristo conhece Deus e submete-se a ele.

Somos aconselhados em 1Pedro 1.13 a preparar nossa mente para agir. Isso exige esforço mental, tomar a decisão de concentrar os pensamentos em Deus e tirar da mente tudo o que possa servir de obstáculo para nós. Os pensamentos de preocupação, medo, luxúria, ódio, inveja e má vontade precisam ser levados à cruz, até mesmo diálogos interiores negativos e irreais: "[...] tudo o que for verdadeiro, tudo o que for nobre, tudo o que for correto, tudo o que for puro, tudo o que for amável, tudo o que for de boa fama, se houver algo de excelente ou digno de louvor, pensem nessas coisas" (Filipenses 4.8). Quando fazemos isso, a graça multiplica-se em nossa vida.

Até onde sua mente é humilde nesse sentido?

A pureza é outra norma de Deus para nossa mente. Tito 1.15 afirma: "Para os puros, todas as coisas são puras; mas para os impuros e descrentes, nada é puro. De fato, tanto a mente como a consciência deles estão corrompidas". Esse versículo diz que pureza é o estado redimido da mente do cristão. É difícil, porém, mantê-la pura, em razão do ataque violento de informações contrárias a que estamos expostos todos os dias. Se você quer ter uma mente pura, precisa saber com antecipação o que fará quando a tentação cruzar seu caminho. O ato de dominar a tentação é um esforço contínuo, não uma decisão tomada por impulso. É por isso que é muito útil memorizar a Bíblia.

Até onde sua mente está viva nesse sentido? Quanto mais viva nossa mente estiver nessas áreas, mais poderemos reagir com a graça. Quanto mais peneirarmos os pensamentos por meio da Palavra, mais plena será a graça de Deus em nossa vida.

Os Evangelhos narram que, na noite da ressurreição, quando apareceu aos discípulos, Jesus abriu a mente deles para entenderem as Escrituras. E ele fez isso para que os discípulos fossem *suscetíveis* e *sensíveis* a Deus. Quanto mais a Palavra de Deus for ativa em nossa vida, mais cresceremos e reagiremos com a graça. Quando recorremos à Palavra de Deus em busca de direção, esclarecimento, tomada de decisão e orientação para nossas palavras, nossa mente torna-se sensível a ela. Quando passamos por situações difíceis na vida, é necessário perguntar:

"O que a Palavra de Deus tem a dizer sobre isto?" e seguir sua orientação.[25]

Certo autor resumiu essa característica desta forma:

> Assim como o Pai está para o Filho, Cristo está para nós. Ele viu a atividade do Pai; nós prestamos atenção à conhecida atividade terrena de Jesus. Ele ouviu as palavras do Pai; nós precisamos ouvir as palavras do Filho. O Pai ensinou o Filho; o Filho nos ensina. O Filho não podia fazer nada independentemente do Pai. Ele estava muito próximo ao Pai; nós precisamos permanecer próximos ao Filho; ore para que Deus o torne mais sensível ao Filho.[26]

Até onde sua mente é suscetível e sensível a Deus?

Paulo lançou este desafio aos seguidores de Cristo: "Não se amoldem ao padrão deste mundo, mas transformem-se pela renovação da sua mente, para que sejam capazes de experimentar e comprovar a boa, agradável e perfeita vontade de Deus" (Romanos 12.2). Parte da renovação espiritual em sua mente ocorre quando você faz uma escolha consciente de que mudará aquilo que costuma pôr na mente e, portanto, mudará a tendência de seus pensamentos.

John Hagee disse certa vez: "Vigie seus pensamentos, porque eles se tornarão suas palavras. Escolha suas palavras, porque elas se transformarão em ações. Entenda suas ações, porque elas se tornarão hábitos. Examine seus

---

[25] HUNT, T. W. **The Mind of Christ**. Nashville, TN: Broadman & Holman, 1995, adaptado, p. 6-12 [**A mente de Cristo**. São Paulo: LifeWay Brasil, 2001].

[26] Id., ibid., p. 12.

hábitos, porque eles se tornarão seu caráter, e seu caráter se tornará seu destino".[27]

Outra maneira de eliminar pensamentos negativos automáticos é aprender a neutralizá-los e contestá-los. Neutralizar significa julgar seus pensamentos e examinar o fato. Você, porém, só poderá fazer isso se conhecer os seus pensamentos. Você precisa apoderar-se dos pensamentos que vêm à sua mente e, depois, quando tomar conhecimento deles, reagir com um pensamento positivo consciente. Você não tem de aceitar pensamentos negativos. Pode escolher que pensamentos quer ter.

Uma das maneiras de determinar se seus pensamentos são úteis ou nocivos é manter um diário explicando como seu modo de pensar tornou-se distorcido ou autodestruidor. Preste atenção aos seus pensamentos. Todas as vezes que tirar uma conclusão que reflita uma das nove tendências de pensamento, escreva-as.

Depois, releia seu diário e, ao lado de cada pensamento distorcido, escreva um versículo ou um texto pequeno da Bíblia que se refira a essa percepção.

Em seguida, confesse a Deus que se permitiu acreditar naqueles pensamentos distorcidos. Peça a ele que o livre da escravidão criada por essas mentiras em você.

Memorize os versículos que escreveu no diário. Medite neles e repita-os para impedir que, com o tempo, esse tipo de pensamento crie raízes e cave um sulco profundo em sua mente. Talvez os textos a seguir sejam úteis:

- Posso todas as coisas por meio de Cristo que me fortalece (v. Filipenses 4.13).

---

[27] **God's Two Minute Warning**. Nashville, TN: Thomas Nelson, 2000.

- Graças a Deus que, em Cristo, sempre nos conduz em triunfo (v. 2Coríntios 2.14).
- O meu Deus suprirá todas as minhas necessidades de acordo com as suas gloriosas riquezas em Cristo Jesus (v. Filipenses 4.19).
- Não estranhe o fogo ardente que surge para pôr você à prova [...] mas alegre-se na medida em que você participa dos sofrimentos de Cristo, para que, quando a glória dele for revelada, você exulte com grande alegria (v. 1Pedro 4.12,13).
- Confie no Senhor de todo o seu coração; não se baseie em seu entendimento. Reconheça-o em todos os seus caminhos, e ele endireitará as suas veredas (v. Provérbios 3.5,6).
- Esquecendo-me das coisas que ficaram para trás e avançando para as que estão adiante de mim, prossigo para o alvo, para ganhar o prêmio do chamado celestial de Deus em Cristo Jesus (v. Filipenses 3.13,14).
- Não se engane, de Deus não se zomba. Porque aquilo que o homem semear, isso também ele colherá (v. Gálatas 6.7).
- Ele enviou sua palavra e os curou, e os livrou da destruição (v. Salmos 107.20).
- Bendize, ó minha alma, ao Senhor; não te esqueças de nenhuma de suas bênçãos. É ele quem perdoa todos os teus pecados, cura todas as tuas doenças, redime a tua vida da destruição e te coroa de bondade e misericórdia (v. Salmos 103.2-4).
- Não nos cansemos de fazer o bem, porque no tempo certo ceifaremos, se não desanimarmos (v. Gálatas 6.9).

- Minha graça é suficiente para você, porque o poder se aperfeiçoa na fraqueza, portanto glorie-se em suas fraquezas para que o poder de Cristo repouse sobre você (v. 2Coríntios 12.9).[28]

Com a prática, você aprenderá a ligar e a desligar seus pensamentos. Para isso, é necessário pôr tudo na perspectiva correta. Quanto mais exercitamos o controle, maiores são as possibilidades de ter controle imediato. Não temos de agir de acordo com nosso diálogo interior ou sentimentos.

O autocontrole do diálogo interior negativo é a resposta para mudar as tendências erradas de pensamento? Sim e não. Por si só, não. Ele é um meio ou uma ferramenta. Sem ajuda, nenhum de nós tem capacidade para eliminar as imagens e os pensamentos negativos da mente. Colossenses 3.15a afirma: "Que a paz de Cristo seja o juiz em seu coração [...]". A pessoa de Jesus Cristo é a resposta. Jesus quer que sejamos receptivos acerca de nossos pensamentos e das imagens que há neles. Todos os pensamentos aberrantes devem ser levados a Cristo (v. 2Coríntios 10.5). A mudança ocorrerá quando confessarmos esses pensamentos a ele e lhe pedirmos força por meio da obra ministerial do Espírito Santo.

Oração

Temos à nossa disposição recursos incríveis para mudar, crescer e adquirir estabilidade. No entanto, precisamos nos valer desses recursos conversando com Deus e

---

[28] Colbert, Don. **Deadly Emotions**, adaptado, p. 158-160.

permitindo que ele converse conosco diretamente e por meio de sua Palavra.

Como você procede quando ora? A oração é uma experiência natural para você? Você usa sua linguagem e modo de falar, ou acha que precisa usar determinadas palavras ou frases para ser ouvido?

A oração é muito pessoal, mas eu gostaria de recomendar a você uma oração específica: peça a Deus que reformule seu pensamento. Para começar, consagre sua imaginação e seus pensamentos a Deus e peça-lhe que purifique sua mente de tudo o que possa impedir seu crescimento e progresso na vida. Essa sugestão baseia-se na passagem bíblica encontrada em 1Pedro 1.13: "[...] cingindo o vosso entendimento" (*ARA*). "Cingir" significa rodear, cercar ou prender em volta. Pelo fato de sermos cristãos, o Espírito Santo pode nos dar maior conhecimento dos pensamentos que controlam nossa vida e maior acesso àqueles que precisam ser mudados. Com a ajuda de Deus, podemos desenvolver uma sensibilidade muito maior ao nosso diálogo interior.

Quando eu (Larry) peço a meus pacientes que entreguem seus diálogos interiores a Deus todos os dias, também lhes pergunto: "Como você visualiza Deus no momento em que ele aceita seus pensamentos e seu modo de pensar?". Em geral, isso provoca não apenas uma reação interessante, mas também uma indicação da imagem que a pessoa tem de Deus.

Repetindo: nossos diálogos interiores negativos impedem-nos de ter uma conversa sincera com Deus. Não precisamos temer. Deus não se surpreenderá, não ficará impressionado nem chocado com algo que lhe dissermos, porque ele conhece todos os nossos pensamentos: "[...] de longe percebes os meus pensamentos" (Salmos 139.2).

Então, como devemos orar? Primeiro apresentamo-nos diante de Deus e admitimos que nossos pensamentos necessitam de renovação e mudança. Depois, se ainda não manifestamos o desejo de mudar nossos pensamentos, visualizamos Jesus Cristo disposto a nos ajudar a sentir esse desejo. Em geral, as pessoas acham proveitoso começar o dia pedindo a Deus que as ajude a identificar e a examinar minuciosamente seus pensamentos e a reorganizá-los. A Bíblia diz que "levamos cativo todo pensamento, para torná-lo obediente a Cristo" (2Coríntios 10.5). Essa atitude leva-nos a ter a mente de Cristo.

Ore para sentir o desejo de livrar-se do modo antigo de pensar. Convide Jesus Cristo para entrar em sua mente e permita que o Espírito Santo penetre nas profundezas de sua imaginação para trazer à luz todas as imagens ou todos os pensamentos que atuam como uma barreira. É melhor fazer isso na presença de Jesus Cristo, recebendo sua força e consolação. Durante esses momentos de oração, quando um pensamento ou uma imagem desagradável vier à sua mente, imagine-se entregando o pensamento ou a imagem nas mãos do Senhor.

A vida de James é um exemplo de como você pode eliminar o modo antigo de pensar e até mesmo romper com o costume de identificar-se com o papai ou a mamãe e passar a identificar-se com Cristo. James foi solicitado a meditar neste versículo dia e noite: "Portanto, se alguém está em Cristo, é nova criação. As coisas antigas já passaram; eis que surgiram coisas novas!" (2Coríntios 5.17). James levou o assunto a sério. Memorizou o versículo, meditou nele e internalizou-o.

Depois de duas semanas, ele voltou à clínica completamente mudado. Não mais se via como filho do papai ou da mamãe, mas como filho do Deus vivo, co-herdeiro com Jesus Cristo (v. Romanos 8.1-18). James conseguiu ver a si mesmo como um ser de valor incomensurável, esplêndido e infinito.

James tornou-se verdadeiramente uma nova pessoa em Cristo, as coisas antigas (incluindo sua identificação com a mãe e o pai) passaram. Todas as coisas (incluindo uma nova identificação com Jesus Cristo) tornaram-se novas (v. 2Coríntios 5.17).

Por meio dessa identificação com Cristo, James foi capaz de perdoar os pais. A graça de Deus o capacitou para amá-los, perdoá-los e transmitir essa graça a eles. James foi capaz de esquecer o passado quando foi curado da mágoa, do sofrimento, da ira e da decepção. Foi capaz de alcançar o magnífico futuro que Deus tinha para ele. Pôde prosseguir "para o alvo, a fim de ganhar o prêmio do chamado celestial de Deus em Cristo Jesus" (v. Filipenses 3.13,14).

Algumas pessoas acham útil levar uma das mãos à cabeça enquanto oram. Imagine-se colocando o pensamento destrutivo em sua mão e, depois, esticando o braço para depositá-lo nas mãos estendidas de Jesus. O movimento físico, acompanhado da oração, dá um sentido maior de realidade e fortalece a motivação. Esse tipo de oração exige tempo e, quase sempre, precisa ser repetido para cada imagem ou pensamento que surgir. Não estou dizendo que esses pensamentos nunca mais voltarão, mas agora a pessoa será capaz de enfrentá-los de uma nova maneira. Como Martinho Lutero disse, não podemos impedir que os pássaros voem acima de nossa cabeça, mas podemos impedi-los de fazer ninho em nosso cabelo!

Esse método, acompanhado da renovação do diálogo interior e do uso da oração, poderá confirmar aquilo que

Isaías nos garantiu: "Tu, SENHOR, guardarás em perfeita paz aquele cujo propósito está firme, porque em ti confia" (26.3).

Esta é uma oração que poderá ajudar você:

> *Senhor, estou em posição de pedir-te que assumas o controle de meu modo de pensar, meus diálogos interiores e minha imaginação. Peço-te também que os purifiques e me dês poder para controlar meus pensamentos. Estou aprendendo a discernir os pensamentos que mais me causam sofrimento e aqueles que me ajudam. Tenho de admitir que adquiro hábitos com facilidade, e sei que passei anos desenvolvendo esse tipo de pensamento negativo. Quero comunicar-me melhor com os outros e comigo mesmo, e preciso de tua ajuda. Peço-te que me tornes muito atento ao que estou pensando e a seus efeitos. Por favor, lembra-me disso, e eu reagirei a teu estímulo. Se, de tempos em tempos, eu retroceder ao modo antigo de pensar, ajuda-me a não voltar a ter pensamentos negativos a meu respeito em razão dessa recaída. Ajuda-me a ser paciente comigo e contigo. Eu te agradeço porque tu me ouves e me aceitas; e te agradeço pelo que farás com meu modo de pensar e diálogos interiores no futuro.*

Tente fazer essa oração em voz alta todos os dias durante um mês e observe a diferença. E lembre-se: "A graça de Deus é suficiente para mim, e seu poder se aperfeiçoa em minha fraqueza; portanto, eu me gloriarei em minhas fraquezas, para que o poder de Cristo repouse em mim" (adaptado de 2Coríntios 12.9).

Capítulo 6

Da raiva ao perdão — a graça em ação

Lembra-se de Bill? Ele era um caubói de personalidade agradável que, um dia, deu-se conta de que sua vida inteira não passava de uma fachada. Era exímio na arte de ser aceito pelos outros. No entanto, ele tinha um problema que o transformava em uma bomba-relógio ambulante. O problema chamava-se raiva.

Bill fantasiou a vida de caubói na mente, e isso levou-o a viver a vida sem preocupação. Possibilitou também que ele passasse a beber e embriagar-se. Embora afirmasse que era cristão, Bill não vivia como tal. Não passava tempo suficiente com Deus para ser transformado. Como muitos homens, ele tentava fazer tudo por meio do "eu".

O que é raiva e o que fazer com ela?

O que você sabe sobre a raiva? É uma palavra e emoção controversas e mal-entendidas. A raiva exerce influência sobre todos nós; no entanto, continua a nos confundir. Até os pretensos especialistas no assunto discordam entre si. Alguns dizem: "Sinta raiva e manifeste-a". Outros dizem: "Negue-a e rejeite-a". Todos nós sentimos raiva de vez em quando, quer queiramos quer não. Deus nos criou com emoções, e uma delas é a raiva.

Um dicionário define raiva como "sentimento de forte desagrado".[29] Como você a descreveria? A definição do dicionário sugere que a raiva é controlável, semelhante a

---

[29] Dictionary.com, verbete "anger". Disponível em: <http://dictionary.reference.com/browse/anger>. Acesso em: jun. 2007.

muitos outros sentimentos — nem certa nem errada em si mesma. O problema está em não saber lidar com ela.

Algumas pessoas expressam a raiva como um míssil guiado por calor. Não há nenhum aviso. Nenhum alarme soa. Tudo está calmo e, de repente, o míssil explode. O resultado pode incluir sentimentos feridos e relacionamentos distanciados, e a recuperação do ataque de fúria às vezes leva tempo.

Para outras pessoas, a raiva é uma serpente que se arrasta de modo silencioso e despercebido através da vegetação. Levanta a cabeça de vez em quando e desaparece novamente, para atacar quando alguém se aproxima perigosamente dela. Ou a raiva apresenta-se sutilmente em forma de muitos subterfúgios inconsistentes que, no final, custam caro. A mordida dessa raiva não é tão evidente e devastadora quanto a outra, mas os resultados são semelhantes. Você conhece alguém assim?

Pense em um dos resultados destrutivos dessa emoção: a raiva motiva você a odiar, ferir, prejudicar, aniquilar, menosprezar, desdenhar, detestar, difamar, amaldiçoar, desgraçar e demolir. Quando sente raiva, você ridiculariza, humilha, envergonha, critica, grita, briga, oprime, ofende, amedronta a outra pessoa, vinga-se ou ri com zombaria dela. Talvez chegue a extremos ao lidar com a raiva, quando a reprime ou quando a manifesta. Se for manifestada com exagero, ela destruirá os outros; se for reprimida com exagero, ela o destruirá.

Quase tudo na vida tem um preço marcado na etiqueta. Se você entrar em uma loja, raramente encontrará um artigo grátis. A compra de um carro novo dá a sensação de grande alegria, bem-estar e prestígio, mas você precisa pagar por esses sentimentos. Da mesma forma, a manifestação da raiva pode proporcionar alívio — pode exercer influência sobre uma situação ou controlá-la —, mas há um preço a ser pago. O preço talvez inclua um relacionamento forçado (resistência ou afastamento de outros quando você se aproxima deles) ou um relacionamento tenso com o cônjuge que passa a ser um adversário, não um companheiro amoroso.

A raiva começa com irritação e transforma-se facilmente em ressentimento e amargura, e isso pode corroer nosso corpo. Se nos apegarmos a lembranças de momentos de raiva, correremos o risco de colher resultados destruidores. O dr. Don Colbert, autor de *Deadly Emotions*, disse: "Há muito pouco, ou nenhum, amor na pessoa que reflete extrema amargura, ressentimento, raiva e ódio. O ódio exige mais e mais espaço emocional até sufocar todas as emoções positivas".[30] Além de acarretar custos fisiológicos pessoais, há um preço maior a ser pago em nossos relacionamentos interpessoais. A raiva nunca aproxima as pessoas — ela sempre as afasta cada vez mais.

A raiva tem seu espaço apropriado porque, às vezes, pode ser construtiva, mas quase sempre é destrutiva. Quando manifestada a esmo, a raiva sobrepuja o amor, o zelo e a apreciação que criam relacionamentos íntimos. Ninguém gosta de ficar perto de uma pessoa com fama de irar-se com facilidade. Provérbios 22.24,25 recomenda: "Não se associe com quem vive de mau humor, nem ande em companhia de quem facilmente se ira; do contrário você acabará imitando essa conduta e cairá em armadilha mortal".

---

[30] Nashville, TN: Thomas Nelson, 2003, p.123.

O que existe sob essa raiva?

É possível deixar-se ser dominado pela ira e não pecar? Efésios 4.26,27 indica que sim: "Quando vocês ficarem irados, não pequem. Apaziguem a sua ira antes que o sol se ponha, e não deem lugar ao Diabo". Observe a última parte do texto. Que tipo de oportunidade o Diabo está esperando? Quais são os interesses dele? João 10.10 diz que "o ladrão vem apenas para roubar, matar e destruir". Ele nos quer roubar a alegria, o amor, a paz e a felicidade. Se lhe dermos oportunidade, ele usará a raiva para destruir os relacionamentos entre Deus e o homem, entre o homem e a mulher, o pai/mãe e filho, os irmãos, os amigos, os pastores, os membros da igreja, os colegas de trabalho, e assim por diante.

A reação motivada pela raiva abre a porta para nosso inimigo. No entanto, a reação motivada pela humildade abre a porta para que Cristo e sua graça trabalhem em nosso coração. Efésios 4.32 diz, com muita propriedade: "Sejam bondosos e compassivos uns para com os outros, perdoando-se mutuamente, assim como Deus lhes perdoou em Cristo". Esse é o nosso chamado.

Os sentimentos de raiva indicam a existência de atitudes subjacentes em nós. Indicam que alguma coisa está errada. A raiva pode ser a primeira emoção que percebemos, mas raramente é a primeira emoção que sentimos em determinada situação. Em geral, a raiva é precedida de *medo*, *mágoa* ou *frustração*. Além de serem dolorosos, esses sentimentos esgotam nossa energia e aumentam a sensação de vulnerabilidade.

Você se lembra de que Jesus olhou indignado para os fariseus? A passagem relata que ele estava "profundamente entristecido, por causa do coração endurecido deles" (Marcos 3.5). Ele estava *magoado*, e isso lhe provocou raiva.

O *medo* também provoca raiva. Quando estamos com medo, em geral reagimos com raiva. Às vezes, a raiva é uma emoção mais confortável que o medo, talvez pelo fato de estarmos na ofensiva, não na defensiva. Às vezes, usamos a raiva como defesa, para nos esconder atrás dela quando estamos com medo de que os outros vejam o que realmente se passa dentro de nós. Infelizmente, isso confunde as pessoas, e elas, por sua vez, ficam com raiva. Na maioria dos casos, a raiva provoca mais raiva ainda.

A *frustração* quase sempre provoca raiva quando nossas expectativas não nos agradam totalmente ou quando não chegamos aonde desejávamos. Quando nos concentramos nas frustrações, nosso modo de pensar e diálogo interior também alimentam a raiva.

Então, o que podemos fazer para lidar com a raiva? Que escolhas temos?

As muitas faces da raiva

A maioria das pessoas lida com a raiva de quatro maneiras básicas. A primeira é *reprimindo-a* — jamais admitindo que estão com raiva, simplesmente desconsiderando a sua presença. A repressão é, em geral, inconsciente, mas *não* é saudável. Reprimir a raiva é como colocar um cesto cheio de papel no armário e atear fogo nele. O fogo se extinguirá sozinho ou incendiará a casa inteira. A energia produzida pela raiva não pode ser destruída. Precisa ser desviada ou dirigida a outro canal.

A segunda maneira de lidar com a raiva é *ocultando-a* — a pessoa sabe que ela existe, mas prefere escondê-la, para impedir que os outros tomem conhecimento dela. Em algumas situações, essa é uma atitude sábia, mas, com o tempo, a raiva precisa ser reconhecida e extravasada de maneira correta. É triste ver uma pessoa que sempre guarda raiva. O esforço constante de escondê-la acarreta uma perda enorme de energia. Apesar de manter uma aparência animada e sorridente, essas pessoas são, em geral, muito infelizes. Algumas se empanturram de comida, em parte para punir a si mesmas pelo "pecado da raiva" (é essa a noção que elas têm).

No entanto, o ato de ocultar a raiva tem algum mérito, principalmente se isso permitir que a pessoa relaxe, acalme-se e aja de maneira racional. A Palavra de Deus tem algumas coisas a dizer sobre esse tipo de ocultação:

- Aquele que é tardio para irar-se tem grande entendimento, mas o precipitado de espírito revela e exalta sua insensatez (Provérbios 14.29, *AMP*, tradução livre). (Essa pessoa reprime a discussão no início para impedir que ela vá adiante.)
- Aquele que é tardio para irar-se é melhor que o guerreiro, e aquele que controla seu espírito vale mais que aquele que conquista uma cidade (Provérbios 16.32, *AMP*, tradução livre).
- O bom senso faz o homem reprimir a sua ira, e é a sua glória ignorar as ofensas (Provérbios 19.11, *AMP*, tradução livre).
- O tolo dá vazão à sua ira, mas o sábio domina-se (Provérbios 29.11). (A pessoa sábia não permite que sua ira se descontrole, mas silencia-a, a põe em segundo plano e domina-a.)

- Eu [Neemias] fiquei com muita raiva quando ouvi e seu clamor e essas palavras. Depois de refletir, repreendi os nobres e os oficiais (Neemias 5.6,7, *AMP*, tradução livre). (Neemias deu um passo atrás para refletir em sua raiva. A versão *Almeida Revista e Atualizada* traduz este versículo como "depois de ter considerado comigo mesmo".)

Manifestar a raiva é outra maneira de lidar com ela. Algumas pessoas acham que devemos manifestar exatamente o que estamos sentindo, seja qual for a pessoa envolvida. Segundo os que defendem essa ideia, a atitude é psicologicamente saudável e necessária para ter uma vida equilibrada. Entretanto, manifestar raiva não significa livrar-se dela. Depende de *como* a manifestamos. Você a manifesta com graça e autocontrole ou com ódio e desejo de "socar" a outra pessoa?

Há uma quarta maneira de lidar com a raiva: *reduzir sua intensidade*. Se em uma escala de 1 a 10 sua raiva estiver no nível 9, reduza a intensidade para 1 ou 2. Para isso, é necessário esforçar-se um pouco e mudar suas convicções e diálogo interior. Assim, você será capaz de transformar a raiva em graça e perdão.

Como, porém, conseguir isso?

Talvez as histórias de José e Bill deem algumas pistas.

Voltando à história de José

Quando José tomou conhecimento de que, para sentir paz e superar a raiva, teria de esquecer as ofensas que seus pais cometeram contra ele e perdoá-los, ele disse: "De jeito nenhum!". A raiva que José sentia era muito grande; ele não conseguia perdoar os pais. Curiosamente, as pessoas desejosas de sentir paz na vida, e sofrendo em razão da emoção devastadora da raiva, não conseguem enxergar que a sua incapacidade de perdoar as impede de obter a cura que tanto desejam e de que tanto necessitam.

Somente pela graça de Deus, por intermédio de Jesus, essa cura poderá ser obtida. Apesar de ter aceitado Jesus como Salvador, José ainda não havia conseguido, como muitos de nós, aceitar Jesus como Senhor e entregar-lhe o controle total de sua vida. Quando descobriu que Cristo, que perdoou todas as suas ofensas, o capacitara para perdoar os outros, principalmente seus pais, José começou a vencer a raiva.

Se você deseja ser libertado, Cristo precisa estar no centro de sua existência. O "eu" precisa morrer para permitir que a vida e a graça de Deus sejam manifestadas por nosso intermédio (v. 2Coríntios 12.9). José precisava dizer: "Pai, eu o perdoo por não ter estado presente em minha vida, por não ter estado ao meu lado. Você não tinha a vida que eu tenho agora. Eu o perdoo". Tão logo conseguiu perdoar o pai, José teve mais facilidade em perdoar a mãe. Quando isso aconteceu, José sentiu que finalmente o peso lhe foi retirado dos ombros.

Você também pode sentir a libertação incrível da escravidão emocional e espiritual que acompanha a raiva, a amargura e o ressentimento. Jesus veio ao mundo para proclamar liberdade aos prisioneiros e aos cativos. O orgulho e a falta de fé são as únicas coisas capazes de impedir essa liberdade. Não permita que a dúvida, o orgulho ou a relutância o impeçam de perdoar os outros e de reconhecer a capacidade de Jesus para realizar um milagre em sua vida.

Para José, perdoar a mãe não foi suficiente. Ele queria pôr aquela emoção em ação, porque a fé sem obras é morta (v. Tiago 2.26). Por isso, ele ligou para sua mãe. Ela ficou surpresa, talvez um pouco constrangida também, mas concordou em ter um encontro com o filho. A graça que José sentira e o amor de Deus permitiram-lhe passar momentos significativos com a mãe. Ela viu a obra de Deus na vida do filho. Por ter recebido a graça de Deus, José foi capaz de enxergar a mãe por meio dos olhos da graça, ouvi-la com os ouvidos da graça, falar com ela com a linguagem da graça e, finalmente, amá-la com um coração cheio de graça.

O processo de transformação que pode ocorrer em nós consiste em aprendizado e crescimento espiritual, e é resultado de aprender quem é Deus e buscar sua presença. Somos transformados à medida que a Palavra de Deus cria raízes em nós e o Espírito Santo passa a habitar em nós. Trata-se de um processo diário. Lemos em 2Coríntios: "E todos nós, que com a face descoberta contemplamos a glória do Senhor, segundo a sua imagem estamos sendo transformados com glória cada vez maior, a qual vem do Senhor, que é o Espírito" (3.18).

Voltando à história de Bill

Bill retornou, com relutância, ao lugar onde poderia falar de suas mágoas passadas. As feridas de Bill foram causadas por seus pais, que o faziam sentir-se incompetente e inútil. Suas palavras e ações o magoaram profundamente, e em Bill aquela mágoa deu origem à raiva. Por fora, ele era duro como uma pedra, mas por dentro era uma pessoa meiga. Lágrimas vieram-lhe aos olhos quando ele contou que amava as pessoas e amava a Deus, mas não amava os pais nem a si mesmo.

A igreja, no entanto, não tinha nada a ver com as coisas de "caubói", por isso Bill encontrou muitas desculpas para não frequentá-la. Cada desculpa o afastava um pouco mais do Senhor. Bill sempre tivera controle sobre a própria vida, mas chegou um momento em que ele se deu conta de que ela se encontrava em completa confusão. Jesus precisava assumir o controle. Só quando se submeteu inteiramente a Cristo foi que Bill entendeu sua condição e perdoou a si mesmo e os pais.

Eu pergunto: seu coração tornou-se endurecido para o proteger de outras mágoas, como ocorreu com Bill e José?

Se a resposta for sim, é chegada a hora de seguir o exemplo deles e entender que só Jesus é capaz de aliviar o sofrimento, o perdoar e dar a você o desejo e o poder de perdoar aqueles que o magoaram. Analisaremos o processo do perdão com mais detalhes neste capítulo.

Coragem para acreditar e perdoar

Lembra-se de Sarah? Ela também lutou contra uma raiva descontrolada, que deixou a porta aberta para o Diabo trabalhar livremente em sua vida. Sarah não percebeu que estava contribuindo para a própria morte ao permitir que a raiva criasse raízes em seu coração, e o resultado foi devastador. Sarah dirigiu a raiva que sentia dos pais e dos ex-maridos contra ela própria. Tentou cometer suicídio nove vezes. Na última tentativa, ateou fogo na casa em que morava, e seu corpo foi atingido por queimaduras de terceiro grau.

Quando, finalmente, estava pronta para uma mudança em sua vida, ela abriu a porta — apenas uma pequena fresta — para a graça restauradora do Salvador. Na terceira sessão de aconselhamento, eu (Larry) lancei-lhe o desafio de sensibilizar alguém com sua vida naquela semana — apenas sensibilizar alguém. Conforme você já leu, há algo muito poderoso em sensibilizar a vida de outra pessoa.

Sarah aceitou o desafio e reagiu de maneira positiva. Pouco tempo depois, ela podia ser vista subindo e descendo os nove andares da casa de recuperação onde vivia, conversando com as pessoas e transmitindo vida a elas. Ao vê-la de volta à vida, ninguém imaginaria que Sarah chegara a um estágio de completo e total desespero. Como aquela mulher conseguiu ser tão consumida pela raiva, pela amargura e pelo ressentimento, a ponto de querer tirar a própria vida?

Sarah casou-se quatro vezes, e todos os casamentos terminaram em divórcio. Ela se sentia rejeitada pelos quatro maridos e também pelos pais. Esses sentimentos de rejeição provocaram raiva contra os pais e, depois, contra os ex-maridos. Aos 49 anos de idade, quando finalmente abriu a porta para o aconselhamento, ela estava saturada de sentimentos reprimidos de raiva com os quais nunca havia sido capaz de lidar, ou de manifestar e entender corretamente aquelas emoções destrutivas. Ela quis saber por que insisti em sua cura. "Deus a ama, Sarah, e eu também", respondi.

No filme de ficção científica *Matrix*, Keanu Reeves interpreta uma personagem chamada Neo, que investiga o mundo real por trás da fachada gerada por computador na qual ele vivia. Ao se dar conta de que está vivendo em um mundo falso, ele conhece Morpheus, um líder rebelde que luta contra as máquinas que criaram a Matrix, o programa de computador que mantém presa a maioria dos seres humanos. Morpheus está à procura do Escolhido [The One], a figura de um messias que salvará os humanos da extinção, conforme profetizado pelo Oráculo.

Morpheus acredita que Neo seja o Escolhido, mas nem todos se convencem disso. A certa altura, um dos membros da tripulação de Morpheus diz a Neo: "Se você avistar um agente, faça como nós... *corra*". Bem, o tempo e o treinamento continuam, e, à medida que cresce na fé, Neo tem um encontro inesperado com um desses agentes, uma espécie de superpolicial da Matrix. No entanto, em vez de correr e fugir, ele se vira lentamente e, com a confiança e a sensação de autoridade divina, prepara-se para lutar. Uma onda de preocupação e pânico toma conta da equipe enquanto todos observam a cena: "O que ele está fazendo? Ele deveria tentar fugir!".

Morpheus responde com voz de aprovação: "Ele está começando a acreditar".

Acreditar em si mesmo. Acreditar que deixou de ser vítima; ele é um vitorioso. Acreditar que pode mudar, e que o mundo à sua volta pode ser mudado por ele.

De forma muito semelhante, Sarah começou a acreditar. Acreditou que, se conseguisse amar a si mesma, possivelmente Deus a amaria. Acreditou que devia haver algo para ela. Começou a enxergar o milagre de ter sobrevivido a nove tentativas de suicídio, especialmente a última. Começou a acreditar que Deus tinha um propósito para sua vida.

A Palavra diz: "Assim, permanecem agora estes três: a fé, a esperança e o amor. O maior deles, porém, é o amor" (1Coríntios 13.13) e: "Ora, fé é a certeza daquilo que esperamos e a prova das coisas que não vemos" (Hebreus 11.1). Se a raiva é a chave da porta para Satanás trazer desespero, falta de esperança e ódio do "eu" e dos outros, um ato de amor é a chave para abrir as portas da esperança, é acreditar que existe algo muito melhor para nós e para os que nos rodeiam. Há esperança para nós, prometida por Deus (v. Romanos 15.13). Há esperança em Cristo. Há esperança em sua graça. Há graça para o amanhã. Esta é a promessa na Bíblia: " 'Porque sou eu que conheço os planos que tenho para vocês', diz o SENHOR, 'planos de fazê-los prosperar e não de lhes causar dano, planos de dar-lhes *esperança* e um futuro' " (Jeremias 29.11, grifo nosso). Aqui está aquela palavra novamente. *Esperança*.

A palavra "esperança" nesse versículo é tradução de uma expressão hebraica que significa "fim esperado" ou "chegada ao lugar ou situação que a pessoa deseja ardentemente". Sarah, uma mulher judia, conhecia parte da Escritura hebraica. Começou a entender que Deus era pessoal, que a Escritura profetizou a vinda do Messias e que Jesus cumpriu todas as profecias relativas ao Messias (v. Gênesis 3.15; Números 21.9; Salmos 110.4; Isaías 7.14-16; 9.1-7; 11.1-4; 42.1-4; 53.1-12).

Depois de vários meses de busca pela verdade no Antigo e Novo Testamentos, Sarah recebeu a suprema graça de Deus quando aceitou Jesus como seu Senhor e Salvador. Sarah chegou ao lugar que tanto desejava, embora não tivesse reconhecido esse desejo antes. Ela encontrou *esperança*.

Sarah descobriu que a raiva, a amargura e o ressentimento, frutos de mágoas profundas no passado, podiam agora ser eliminados pela graça de Jesus. Entendeu que, se podia ser perdoada, poderia perdoar os outros por meio do poder do amor e da graça de Jesus. Ela ofereceu aos pais, ex-maridos e filhos a mesma graça restauradora que Deus lhe oferecera. Aliás, quanto mais pessoas ela foi capaz de perdoar, mais amor, paz e vida plena ela recebeu.

Quando Sarah sentiu-se amada e aceita por Jesus, as emoções negativas de raiva, amargura e ressentimento foram aos poucos desaparecendo de sua consciência. Uma investigação acerca da origem daquela raiva deixou claro que o elemento mais importante para seu bem-estar interior lhe foi negado pelas pessoas que lhe deveriam ter oferecido amor e aceitação. Somente em Jesus Cristo ela encontrou a graça que restaura; e, tão logo essa graça foi encontrada, a raiva desapareceu. Além disso, ela foi capaz de oferecer amor incondicional enquanto subia e descia a escada da casa de tratamento para convalescentes, oferecendo amor e carinho às pessoas à sua volta. Sarah tornou-se embaixadora de Cristo, estendendo a graça restauradora a pessoas que, da mesma forma que ela, encontravam-se feridas. Foi então que começou a desfrutar a vida pela primeira vez, depois de muito tempo.

A história tomou um rumo melhor ainda: no dia em que Sarah deixou a casa de tratamento, houve uma comemoração por sua vida. Médicos, enfermeiros, paramédicos e assistentes reuniram-se no auditório para ouvir seu discurso de despedida. Não havia cadeiras no local, e os funcionários empurraram as camas dos pacientes que não estavam sob cuidados médicos até os corredores de acesso ao auditório. Podia-se ouvir o som de um pingo-d'água quando ela expressou com voz trêmula o que lhe passava no coração: "Eu era bonita, mas agora sou feia. Estou ficando bonita por dentro. Antes, eu era feia por dentro, cheia de raiva, ressentimento e ódio. Se tivesse de fazer uma escolha, preferiria ser feia por fora e bonita por dentro. Jesus fez toda a diferença, e ele fará a diferença na vida de vocês".

Os olhos de todos encheram-se de lágrimas. A história de Sarah parece boa, não? Essa história, porém, não precisa ser apenas dela. Se você tomar a decisão de permitir que a graça de Jesus o torne vitorioso e que a sua Palavra domine seus pensamentos, esse tipo de amor também fará parte de sua história. Você está no controle há muito tempo. É chegada a hora de permitir que Cristo assuma o controle.

Talvez você esteja dizendo: "Eu tenho problema com a raiva, não com o perdão". Se for sincero e analisar seu coração, provavelmente se lembrará de alguém que o magoou profundamente no passado e a quem ainda não perdoou. Se quiser livrar-se do fardo da raiva e suas consequências, você precisa recorrer ao passado e às pessoas que você precisa perdoar.

Não permita que o Sol se ponha sobre sua ira. Pergunte a Bill. Pergunte a José. Pergunte a Sarah. Ponha Jesus no controle, e ele o guiará no caminho certo. Ele fará com você o mesmo que fez na vida de Bill, José e Sarah. Aproveite este momento para interromper a leitura deste livro e peça a Jesus que encha seu coração com o amor tão desejado por você. Assim como Sarah, peça a Jesus que o ajude a entender que aquele amor e aceitação incondicionais de que todos nós necessitamos vêm apenas dele.

Perdoe da mesma forma que você foi perdoado

Imagine como o mundo seria se todos pusessem em prática esta passagem: "Livrem-se de toda amargura, indignação e ira, gritaria e calúnia, bem como de toda maldade. Sejam bondosos e compassivos uns para com os outros, perdoando-se mutuamente, assim como Deus os perdoou em Cristo" (Efésios 4.31,32). Isso se chama *graça em ação*. Esses versículos dizem o que devemos fazer: abandonar a ira; reagir com graça.

Agora, sabendo o que devemos fazer, a pergunta é: *Como fazer?* Muitos tentaram; mas, quando tentamos usar os meios de que dispomos, não conseguimos. Não podemos fazer isso sozinhos — precisamos de alguém para tomar conta de nossa vida. E essa pessoa é Jesus. Ele é o único a quem devemos pedir orientação, força e poder para perdoar.

É difícil permitir que Jesus assuma o controle de sua vida? Para muitas pessoas é, mas lembre-se das palavras de Jesus:

> "Venham a mim, todos os que estão cansados e sobrecarregados, e eu lhes darei descanso. Tomem sobre vocês o meu jugo e aprendam de mim, pois sou manso e humilde de coração, e vocês encontrarão descanso para as suas almas. Pois o meu jugo é *suave* e o meu fardo é leve." (Mateus 11.28-30, grifo nosso)

Não sei quanto a você, mas para mim a palavra jugo, uma peça usada para prender os bois no lugar, parece ser de difícil manejo. No entanto, Jesus diz que seu jugo é suave, que quando entregamos o controle a ele somos beneficiados. Que alívio!

Nesse relacionamento íntimo de estarmos "presos ao jugo" com Jesus, reconhecemos quem ele é e temos uma ligação direta com seu poder. Esse poder nos capacita para fazer o que não conseguimos com nossas forças. Jesus reparte tudo conosco, até mesmo o seu relacionamento com o Pai (v. João 14.6). E nesse "tudo" estão incluídos graça, amor, misericórdia, paz, alegria verdadeira e vida plena e eterna (v. João 17). Se permitirmos que tudo isso opere em nós por meio do poder do Espírito Santo, teremos relacionamentos saudáveis e amorosos. Quando tentamos agir por conta própria, restringimos a bênção dos relacionamentos saudáveis.

O convite inicial para termos um relacionamento com Cristo é uma decisão que resulta em uma ligação permanente com ele. Fomos "selados em Cristo para o dia da redenção" (Efésios 1.13; 4.30). É importante entendermos a continuidade dessa decisão. Ele nunca nos deixará nem nos abandonará. De maneira nenhuma nos lançará fora. Tornamo-nos filhos de Deus quando entregamos nossa vida a ele, e tornamo-nos novas criaturas quando recebemos vida dele. E mais, tornamo-nos herdeiros da salvação e servos do Senhor (v. Hebreus 13.5; João 1.12; 6.37; 10.34; 1João 5.11-13; 2Coríntios 5.17; Romanos 8.16,17; Gálatas 2.20).

É maravilhoso demais ver vidas sendo transformadas por meio de Jesus. Se uma imagem vale mais que mil palavras, uma vida transformada na imagem de Cristo é uma biblioteca repleta de graça! Não há outra maneira de responder, a não ser com estas três palavras: "Muito obrigado, Senhor!".

A vida de Sue foi transformada pela graça de Deus. Ela foi um dos três filhos que sofreram violência emocional, física e verbal nas mãos da mãe. Mesmo depois de adulta e de ter saído de casa, a violência continuou. Apesar dos anos de sofrimento e de rejeição, os três filhos queriam cada vez mais ser amados e aceitos pela mãe. Sue achava que era uma decepção para a mãe. Por mais que tentasse, nunca conseguia sua aprovação. Não conseguia estar à altura dos padrões dela.

Finalmente, depois de mais de cinquenta anos de violência verbal e emocional, Sue encontrou a graça restauradora do Senhor Jesus, e essa graça permitiu-lhe perdoar a mãe — esse foi o ponto decisivo na cura de Sue. O pesadelo vivo daquele relacionamento pernicioso chegou ao fim. Sue passou a ver a mãe e a si mesma por meio de uma nova luz: pelos olhos da graça. Ela conseguiu tratar a mãe com atitude de graça e dirigir-se a ela com palavras de graça, porque começara a agir com um coração cheio de graça por meio de Jesus Cristo.

Além de Sue ter conseguido esquecer as emoções passadas de mágoa, rejeição e raiva, sua mãe começou a mudar à medida que recebeu graça da filha. Quando a graça está presente em uma situação, o poder grandioso de Deus é liberado. O perdão planta uma semente espiritual na pessoa perdoada. No caso de Sue e a família, a semente germinou transformando-se em um relacionamento de amor cada vez maior entre Sue, a irmã e a mãe. Aquelas vidas foram verdadeiramente transformadas à semelhança de Jesus.

Onde existia ódio, agora existe amor.

Onde existia dissensão, agora existe paz.

Onde existia perturbação, agora existe contentamento.

Onde existiam palavras amargas, agora existem palavras doces.

Onde existia raiva, agora existe perdão.

Onde existia separação, agora existe união.

Sue disse: "Não fui capaz de perdoar a minha mãe usando minha capacidade ou pelo fato de 'ser religiosa'... Só fui capaz de estender graça à minha mãe quando recebi pessoalmente a graça de Jesus. Jamais teria conseguido ter entregue meu corpo para ser crucificado com Jesus se tivesse tentado isso sozinha" (v. Efésios 2.8; Gálatas 2.20).

Sue descobriu que Jesus pode e faz toda a diferença quando ele assume seu lugar de direito como Senhor de nossa vida. Ele é e sempre será Senhor, e merece ocupar o primeiro lugar. Para isso, basta sairmos do caminho e entregar a ele nossas decisões, nossos pensamentos, nossos desejos e nossas emoções. É verdade: precisamos ser submissos e subordinados à vontade e aos propósitos dele para nossa vida — e o resultado será uma vida cheia de graça e satisfação.

Como outras pessoas semelhantes a Sue podem livrar-se da raiva? O que elas podem fazer?

Ressentimento

Em meu consultório e seminários, ouço as pessoas me dizerem repetidas vezes: "Norm, não quero desabafar minha raiva em outras pessoas, especialmente em minha família, mas alguma coisa me força a perder o controle! Há um limite para o que eu consigo suportar. Sei que amo todos eles, mas às vezes eu os ofendo demais. Não sei o que fazer para mudar".

Em geral, respondo com uma pergunta: "Quando você se sente frustrado e zangado com os outros, em que se concentra: na forma pela qual eles reagem ao que você disse ou na maneira pela qual você gostaria que reagissem?".

As pessoas costumam responder: "Ah, fico remoendo tudo aquilo de que não gostei e meus comentários destrutivos. Revivo a cena várias vezes e me censuro por tê-los magoado".

— Você percebe que, ao reviver seus fracassos, está sendo programado para repeti-los? E então você provavelmente espera que eles não mudem. Certo?

Em geral, meus pacientes reagem com um olhar de espanto. É verdade. Quando você passa muito tempo pensando no que *não deveria* ter feito, está reforçando seus atos. Além do mais, se gastar todo o tempo e toda a energia revivendo mentalmente seus fracassos, não conseguirá pensar no que realmente *quer* fazer. Se redirecionar seu tempo e sua energia para uma solução, haverá uma grande diferença na maneira pela qual você se comunica com alguém. Concentre a atenção em como quer reagir à sua frustração e você *sentirá* a mudança!

A raiva não resolvida não permanece a mesma. Em geral, produz ressentimento, aquele sentimento de má vontade com a outra pessoa. E quase sempre vem acompanhada do desejo de querer que a pessoa pague pelo que fez.

Pense nisto: quando você fica ressentido com outra pessoa, está dando a ela o controle de seu estado emocional. Como você se sente a respeito disso? A maioria de nós deseja sentir que está no controle de nossas emoções — mas você não estará no controle se estiver ressentido com alguém! Está permitindo que ele ou ela acione os botões emocionais da raiva, frustração e amargura.

Quando não perdoamos, o esquema da história de nossa vida deriva para tragédia ou ironia em razão das mágoas causadas por outras pessoas. Nosso sofrimento e nossa decepção parecem movimentar-nos para uma destas duas direções: *raiva* ou *negação*. Às vezes, a amargura aumenta e se intensifica. Ficamos amarrados ao processo capaz de provar que a pessoa está errada ou dela nos vingar.

Em ambos os casos, ficamos paralisados em uma história de vida com pouco significado. A falta de perdão na forma de hostilidade visível ou velada "congela" a pessoa em um quadro da história de uma vida. Para a pessoa atolada na falta de perdão, cada ato do drama parece ser o mesmo.[31] Há, porém, outra forma de considerar o que você está sentindo naquele momento.

Suponhamos que você esteja se aprontando para uma viagem e não vê a hora de partir. Você pega uma mala nova. Começa a escolher o que deseja levar na viagem. A pilha aumenta cada vez mais, mas você coloca tudo dentro da mala. A mala começa a ficar arredondada e parece aumentar de tamanho. Finalmente, você ajeita tudo dentro da mala e senta-se em cima dela para fechar o zíper. Tenta levantá-la e mal consegue tirá-la do lugar. Decide arrastá-la, porque só assim conseguirá levá-la até o carro e, depois, a seu destino final. Nesse momento, você está imaginando se vai precisar de tudo aquilo e se o esforço valerá a pena. A viagem está começando a parecer mais um fardo que um prazer.

É o que ocorre com muitas pessoas magoadas por outras. Elas acordam de manhã e enchem uma mala enorme com todas as lembranças de mágoas passadas, acompanhadas de amargura, raiva, injustiças, ressentimento e rancores. Relacionam item por item as vezes em que as outras pessoas falharam com elas e como falharam consigo mesmas. Isso não é bagagem; é excesso de bagagem. E elas não podem despachar a mala. Estão algemadas a ela, portanto precisam arrastá-la por todos os lugares — a mala é

---

31 McCullough, Michael E.; Sandage, Stephen J.; Worthington Jr., Everett L. **Forgive is Human**. Downer's Grove, IL: IVP, 1997, p. 148.

pesada, exaure sua energia e impede seu progresso, tudo por causa de coisas de que essas pessoas não necessitam.[32]

O que *você* está carregando? Um ressentimento, talvez?

"Ressentimento" é uma palavra que não soa bem. Fica entalada em nossa garganta. O ressentimento surge quando ajuntamos injustiças que alimentam a raiva. É como uma crosta de ferida que foi cutucada por tanto tempo que infeccionou, e o veneno começa a infiltrar-se em todas as áreas de nossa vida.

Como você sabe que está guardando ressentimento? Quando você está ressentido, há um escoamento de sua energia. É desgastante lembrar-se das ofensas e manter um registro de todas elas. É desgastante ensaiar o que gostaríamos de dizer e encontrar formas de castigar a outra pessoa. Isso envenena a raiva, a ponto de transformá-la em fúria. Sabemos que estamos guardando ressentimento quando procuramos meios de vingança. Outra maneira de saber se existem ressentimentos é verificar nossa saúde física e emocional. O ressentimento causa problemas físicos — estresse, pressão alta, úlcera, artrite e outras doenças.

Se você se identificou com uma dessas situações, pergunte a si mesmo: "Quero abrir mão desses ressentimentos ou quero vingança?". Muitas pessoas têm dificuldade em desculpar a outra pessoa e perdoá-la. Com um pé na estrada do perdão e o outro na estrada da vingança, ficamos imobilizados. Por que não decidir perdoar?

Abrir mão do ressentimento também inclui abrir mão da transferência de culpa, de sentir pena de si mesmo e/ou de falar mal da outra pessoa. O perdão tem um preço.

---

32 SIMON, Dr. Sidney B.; SIMON, Suzanne. **Forgiveness**. New York: Warner Books, 1991, p. 43.

E o preço do ressentimento exige pagamentos contínuos (com juros e tudo mais!).

Passos para abrir mão do ressentimento

Os quatro primeiros passos para abrir mão do ressentimento compõem-se de uma série que deveria ser seguida em sequência. Os passos 6 e 7 são adicionais, que você deve planejar e incluir em seu exercício pessoal de abrir mão da raiva.

1. Identifique seus sentimentos e pensamentos

Reconheça que está com raiva. Chame-a pelo nome: raiva. Relacione em uma folha de papel todos os ressentimentos, todas as mágoas e todos os sentimentos de ira que você guarda em relação à outra pessoa. Descreva exatamente o que aconteceu a você com o maior número de detalhes possível. Declare como se sentiu na ocasião e como se sente agora.

Tenha em mente que haverá um rebuliço emocional dentro de você enquanto faz a lista. Outros sentimentos antigos, já enterrados, poderão vir à tona nessa hora e o deixarem aborrecido por uns tempos. Enquanto pensa e prepara a lista, peça a Deus que revele os reservatórios profundos e ocultos de lembranças dolorosas, para que o tanque interior da raiva possa ser esvaziado. Agradeça-lhe por você ter tomado a decisão de dedicar boa parte de seu tempo para expulsar esses sentimentos. Imagine Jesus Cristo a seu lado dizendo: "Quero que você seja purificado e livre. Você não precisa mais ser aleijado, cego ou surdo emocionalmente".

Não mostre a lista a ninguém. Nesse momento de abandonar a raiva não deve haver enfrentamento com a outra pessoa.

2. Ponha a lista de lado

Depois de anotar tudo, ponha a lista de lado e descanse por alguns instantes. Durante esse tempo, outros sentimentos que não constaram da lista poderão vir à tona. Provavelmente você não se lembrará de todas as ofensas, mas isso não será necessário para o sucesso deste exercício.

3. Leia a lista em voz alta

Leve a lista a um cômodo onde haja duas cadeiras vazias, uma em frente à outra. Sente-se em uma das cadeiras e visualize a outra pessoa sentada à sua frente. Visualize-a cumprimentando você de maneira positiva. Ouça-a dizendo algo mais ou menos assim: "Quero ouvir o que você tem a me dizer. Vou aceitar tudo. Por favor, diga-me o que se passa em seu coração. Eu preciso saber".

Olhe para a cadeira vazia como se a outra pessoa estivesse sentada ali. Leia a lista com calma, em voz alta, para ela. A princípio você achará estranho ou ficará constrangido por estar lendo em voz alta em um ambiente vazio. Entretanto, isso passará. Talvez você inclua outros itens enquanto lê a lista. Sinta-se à vontade para fazer isso.

Enquanto lê, imagine que a outra pessoa está ouvindo, movimentando a cabeça afirmativamente como se estivesse aceitando e entendendo seus sentimentos. Pode ser que você sinta muita raiva, depressão, ansiedade e tenha outros sentimentos enquanto continua a ler a lista. Mencione esses sentimentos à outra pessoa. Lembre-se:

Jesus Cristo está a seu lado dando-lhe permissão para extravasar sua raiva.

Talvez, depois de mencionar um dos sentimentos de sua lista, você se sinta esgotado. É importante parar e descansar um pouco. Depois de alguns momentos de descontração, retorne às suas atividades normais. Continue a lista em outra ocasião.

4. Identifique seus "pensamentos envolvidos em ira"

Reformule-os e torne-os mais precisos e positivos. (O capítulo anterior poderá ajudar você neste processo.) Pergunte a si mesmo após cada pensamento: "Isto está refletindo a mente de Cristo?".

5. Permita que Jesus o cure

Antes de concluir a lista, feche os olhos e visualize você, a outra pessoa e Jesus, abraçados, com as mãos nos ombros uns dos outros. Passe alguns minutos visualizando a cena. A essa altura, talvez você imagine que a pessoa não aceitou o que você lhe disse. Talvez isso esteja mais perto da realidade do que você imaginou. Contudo, veja-se em paz, quer a pessoa o aceite quer não.

6. Escreva uma carta

Outro método útil para desfazer-se da raiva é escrever uma carta à pessoa — uma carta que não será enviada. Esse exercício é para seu benefício, para ajudar você a verbalizar seus sentimentos.

É aconselhável ler a carta para uma terceira pessoa, um amigo em quem você confia, alguém que o ouça com atenção e o apoie, que não faça julgamentos de valor sobre você e sua carta nem traia sua confiança. Sente-se em frente a seu amigo e leia a carta em voz alta. Peça-lhe que faça comentários, mas apenas comentários que o ajudem naquilo que sua carta pretende. Não se esqueça de agradecer a esse amigo por o ter ouvido.

7. Planeje uma reação positiva

Há mais um passo muito importante para o processo de cura. Depois de desfazer-se das emoções negativas de raiva e ressentimento, é essencial que você planeje uma reação positiva, como amor, aceitação ou amizade em relação a outras pessoas. Se não substituir os sentimentos negativos por uma reação positiva, você se tornará uma pessoa neutra em relação aos outros. Será uma pessoa fria — sem nenhum sentimento pelos outros. Vários clientes meus contaram-me que não sentem nada em relação à outra pessoa. Chegaram a um estado de isolamento emocional, bloquearam a manifestação de todos os sentimentos. Isso não é bom. Depois de desfazer-se da raiva e do ressentimento, você precisa começar imediatamente a reagir de maneira positiva com os outros.

O poder do perdão

Chuck Colson conta a história de uma mulher que, durante uma cerimônia de graduação dos prisioneiros que completaram o programa Prison Fellowship,[33] correu até

---

33 Organização internacional composta de mais de cem mil voluntários no mundo inteiro, cujo objetivo, entre outros, é proclamar a prisioneiros, ex-prisioneiros, vítimas e suas famílias a obra redentora e o poder de Jesus para transformar vidas. [N. do T.]

o palco e abraçou um deles, dizendo: "Este moço é meu filho adotivo". Todos se emocionaram, porque sabiam que aquele moço estava atrás das grades por ter assassinado a própria filha.

Lembre-se de que falta de perdão significa infligir tormento interior a si mesmo. Perdoar é dizer: "Está tudo bem; acabou. Eu não tenho mais nenhuma mágoa de você e não o vejo como um inimigo. Eu o amo, mesmo que você não seja capaz de me amar".

Perdoar é deixar fluir as emoções fortes, presas a incidentes do passado. Lembraremos o que aconteceu, mas sem muita raiva, pavor, amargura, ressentimento ou prejuízos por causa disso. O perdão torna-se uma opção assim que o sofrimento do passado passa a determinar como nossa vida deve ser.

Perdoar é reconhecer que não *precisamos* mais de nossos rancores e ressentimentos, de nosso ódio e autopiedade. Não precisamos deles como desculpa para receber menos do que queremos ou merecemos da vida. Perdoar é não querer mais castigar a pessoa que nos ofendeu. É não querer mais vingar-se dela ou fazê-la sofrer como nós sofremos. Perdoar é livrar-se do passado e usar melhor a energia que foi consumida quando guardamos rancores, fomentamos ressentimentos e alimentamos feridas não curadas. A raiva necessita da experiência do perdão para darmos um fim a ela. Perdoar é seguir em frente.[34]

Lewis Smedes declarou:

> Quando você perdoa alguém que o ofendeu, está realizando uma cirurgia espiritual dentro de sua alma; eliminando o erro cometido

---

[34] SIMON, op. cit., p. 75-76.

contra você, para que possa ver seu "inimigo" por meio dos olhos mágicos capazes de curar sua alma. Desvincule aquela pessoa da ofensa e liberte-a, como fazem as crianças quando abrem as mãos e libertam uma borboleta presa ali dentro. Depois, convide a pessoa para voltar a entrar em sua mente, completamente renovada, como se a história entre vocês tivesse sido apagada, como se o domínio dessa história sobre sua memória tivesse sido desfeito. Reverta o fluxo aparentemente irreversível do sofrimento dentro de você.[35]

Perdoando a si mesmo

Há outro passo que talvez você não estivesse esperando dar. Você precisa perdoar a si mesmo. Por que perdoar a si mesmo? Há vários motivos. Talvez você esteja se censurando ou se culpando por:

- Não ser capaz de mudar a pessoa.
- Não atender às expectativas dos outros sobre você.
- Não ser amado ou aceito pelos outros.
- Não ser perfeito em uma situação ou em todas as situações.
- Tratar a si mesmo da maneira com que os outros o trataram. (Você é capaz de identificar como fez isso?)
- Ter maltratado a si mesmo quando passou por tempos difíceis em consequência de seu passado.

[35] **Forgive and Forget**. New York: Harper & Row, 1984, p. 118.

- Ter desenvolvido uma ou mais tendências ou problemas que despreza nas outras pessoas.

Não é irônico saber que, em geral, extravasamos nossas frustrações em nós mesmos em vez de extravasá-las na pessoa que nos ofendeu? Talvez nos consideremos um alvo mais seguro que a pessoa com quem estamos travando uma luta. Talvez você ache que não pode desabafar sua frustração numa pessoa que o tenha ofendido no passado porque ela o ofenderá novamente. Por isso, você segue o caminho da menor resistência, carregando a culpa nas costas. Isso não é necessário.[36]

Diante das dificuldades, podemos optar por nos concentrar em nós, como vítimas ou como vitoriosos.

Somos capazes de perdoar porque Deus nos perdoou. E ele nos deu um exemplo maravilhoso de perdão. O primeiro passo para ser uma pessoa perdoadora é permitir que o perdão de Deus flua em nossa vida e nos renove. Medite nesta oração de perdão:

> *Amado Deus, eu te louvo por tua sabedoria, por teu amor, por teu poder. Obrigado pela vida, com suas alegrias e mistérios. Obrigado pelas emoções — até mesmo a ira.*
>
> *Perdoa-me quando me deixo ser conduzido pela ira em vez de ser conduzido por ti. Torna-me consciente daquilo que faço e que provoca ira nos outros — ajuda-me a mudar essas coisas. Mostra-me como livrar-me das ofensas que cometi contra os outros e dá-me coragem para pedir-lhes perdão.*

---

[36] WRIGHT, Norman H. **Always Daddy's Girl**. Ventura, CA: Regal Books, 1989, p. 234-237.

Ajuda-me a não levar em consideração a ira das outras pessoas, a ver tua criação nelas e amá-las. Ensina-me a perdoar e dá-me humildade para perdoar com a graça que recebo de ti.

Dá-me força para eu me opor à injustiça e a outros males. Mostra-me como canalizar minha energia, que poderia ser consumida em ira, para uma ação construtiva a teu serviço.

Tu me pediste para ministrar às pessoas à minha volta. Ajuda-me a entender o que isso significa. Desperta-me. Ajuda-me a reconhecer que cada momento da vida é uma oportunidade para teu amor fluir por meu intermédio.

Obrigado, Pai celestial, por teu amor. Obrigado por teres enviado Cristo, para que pudéssemos ter vida, e vida plena, e por teres enviado o Espírito Santo para consolar-nos e guiar-nos nas incertezas e perturbações do dia a dia.

Em nome de Cristo. Amém.[37]

Finalmente livre

Judy e seu marido, Carl, que era dentista, recorreram a mim em busca de aconselhamento conjugal. Eles tinham problemas que, lamentavelmente, são comuns a muitos casais. Judy não era capaz de reagir sexualmente ao marido. Aquilo era sinal de um problema mais profundo, ou seja, a sua incapacidade de amá-lo verdadeiramente. Carl havia chegado à conclusão de que estava pronto para terminar o casamento em razão de sua contínua frustração,

---

[37] WALTERS, Richard P. **Anger:** Yours and Mine, and What to Do About It. Grand Rapids, MI: Zondervan, 1981, p. 150-151.

apesar de sua fé cristã ter-lhe ensinado que o divórcio era uma opção inaceitável naquele caso.

"Recorrer ao aconselhamento conjugal era o último recurso; ou casamento e o sexo melhoravam ou tudo terminaria", foi o ultimato dele.

Judy também começou a buscar aconselhamento individual para ela própria. Estava ciente de sua incapacidade de lidar com um trauma da infância por ter sido molestada sexualmente pelo pai. Talvez essa fosse a causa de seus problemas no casamento. Ela encarou o problema e recorreu a mim (Larry) em busca de ajuda.

Da mesma forma que muitas mulheres que sofreram abuso sexual na infância, ela sentia raiva, amargura e ressentimento do agressor, no caso, seu pai. A mãe de Judy tomou a atitude certa de divorciar-se do marido tão logo soube do abuso incestuoso. O mal, no entanto, estava feito. Judy ficou traumatizada por aquela violência sexual.

Quando ela se tornou cristã, seu espírito foi salvo, mas sua alma (mente, volição e emoções) continuou presa ao agressor. Em consequência disso, ela não viu o pai nem falou com ele por cerca de vinte anos.

Conforme analisamos no capítulo anterior, só poderemos ser curados da raiva e construir uma ponte de amor, se nos apropriarmos da graça de Deus por meio do ato consciente de perdão. Quando soube que precisava perdoar o pai para receber cura, Judy tomou a resolução de submeter-se à ação do Espírito Santo naquele mesmo dia. Ela amava Jesus e amava o marido, mas sabia que odiava o pai e que não lhe estendera a graça recebida de Jesus.

O processo de ficar imaginariamente diante do pai, falar de toda a sua mágoa, raiva e amargura e, depois, perdoá-lo foi desgastante e levou algumas horas — mas Judy foi até o fim, determinada a libertar-se por meio da graça de Deus. Assim que terminou, ela recebeu um telefonema do irmão mais velho, informando que o pai estava à beira da morte no hospital e queria vê-la. Ela sabia que aquela série de eventos havia sido soberanamente orquestrada por Deus para trazer cura a ambos, por isso pegou o primeiro avião para visitar o pai agonizante no hospital.

Assim que ela entrou no quarto, ele sentou-se na cama e esticou os braços na direção dela, como se estivesse levantando-se da sepultura. Ela o abraçou como uma criança abraça o pai depois de longa ausência, e ambos choraram nos braços um do outro. Depois de alguns instantes que pareceram uma eternidade, o pai foi o primeiro a falar.

— Por favor, me perdoe — ele disse entre lágrimas.

— Eu já o perdoei, pai — foram as palavras de Judy antes do último suspiro dele.

Em vez de carregar o peso da raiva e da amargura, ela se sentiu muito grata por ter tido a oportunidade de perdoá-lo antes que ele morresse.

"Larry, não tenho palavras para dizer quanto aquilo significou para mim e como me libertou emocional e sexualmente em relação a meu marido", ela contou posteriormente.

Deus é bom e deseja que todos nós tenhamos vida plena por meio de Cristo. A graça é uma dádiva para nós e para os outros, se pusermos Jesus no controle de nossa vida e ouvirmos sua voz, como Judy ouviu a voz do Espírito Santo. A graça de Deus nos salva de nossos pecados, e essa mesma graça cura-nos das feridas, mágoas e rejeições do passado.

Creio realmente que ninguém é capaz de desfazer-se de algo tão devastador como o que ocorreu com Judy na infância sem se apropriar inteiramente da graça de Deus.

Caso contrário, toda a dor e todo o sofrimento que ficaram armazenados nos esconderijos da mente continuarão a nos perseguir e a controlar de forma aflitiva e debilitante. Quanto maior for a ferida na alma, mais graça será necessária.

É possível pôr Jesus no comando de nossa vida, permitindo que ele assuma o controle e repreenda a mágoa e o sofrimento, desde que estejamos dispostos a perdoar quem nos ofendeu. Sem perdão verdadeiro, não pode haver restauração. O apego ao sofrimento e à rejeição dá a Satanás o direito de residir dentro daquela situação e continuar a nos atormentar. Só seremos livres se nos lembrarmos desta verdade e vivermos de acordo com ela: todo sofrimento e toda rejeição já foram pagos na cruz. Não temos mais de nos apegar a eles. Você e eu seremos os únicos a sofrer se não abrirmos mão do sofrimento e da rejeição. Como Judy, podemos dizer:

"*Livre*. Sou *livre*. Graças a Deus, finalmente sou *livre*".

Capítulo 7

Transmitindo graça

Fomos criados para nos relacionar uns com os outros, não para viver isolados ou desligados das pessoas que nos rodeiam. Fomos criados para viver ligados a Deus e uns aos outros.

O que nos liga uns aos outros? *Nossas palavras*. O que nos desliga de Deus e dos outros? *Nossas palavras*. Provérbios diz: "As palavras agradáveis são como um favo de mel, são doces para a alma e trazem cura para os ossos" (16.24) e "A língua tem poder sobre a vida e sobre a morte; os que gostam de usá-la comerão do seu fruto" (18.21). Nossas palavras têm poder para edificar ou para destruir.

Alasca, 1988. Estreito William Sound. *Exxon Valdez*. Lembra-se desse nome? Essas palavras me trazem à mente um dos maiores desastres ambientais de nosso país. O petroleiro gigantesco derramou 41 milhões de litros de petróleo cru no estreito, contaminando cerca de 2 mil quilômetros da costa. O vazamento foi responsável pela morte de mil lontras e mais de 100 mil aves marinhas, incluindo 150 águias-calvas. Os prejuízos para a indústria da pesca excederam os 100 bilhões de dólares. A consequência desse derramamento de petróleo permanecerá entre nós por muitos anos.

A contaminação também ocorre em nossas cidades. Os materiais tóxicos despejados a torto e a direito durante anos nos aterros sanitários estão voltando para nos afligir. Os gases tóxicos estão se infiltrando nas casas construídas em cima desses aterros sanitários, obrigando comunidades inteiras a abandonar suas moradias em razão de perigo de envenenamento.

Em escala internacional, as superpotências continuam a questionar a estocagem de armas nucleares e suas consequências danosas para o mundo inteiro. Algumas armas estão sendo desmontadas e destruídas; outras estão sendo unilateralmente reduzidas em número, mas a produção não cessou.

Nossos lares — até mesmo os lares cristãos — sofrem tanto quanto o mundo com problemas de contaminação, envenenamento por gases tóxicos e armamentos. Envenenamos e ferimos uns aos outros com palavras. Talvez você tenha sido criado por pais que usaram palavras como armas e não queria agir da mesma forma. É muito difícil, entretanto, não repetir esse padrão de comportamento. Por meio de Cristo, contudo, você pode quebrar esse ciclo e desenvolver hábitos saudáveis de comunicação, hábitos que reflitam a presença de Jesus Cristo e a graça que ele concedeu a você. Essa mudança é possível!

Armas tóxicas verbais

Eu chamo de "armas tóxicas" aquelas palavras cruéis, cáusticas, amargas, degradantes e julgadoras que usamos para ferir uns aos outros. Elas contaminam, machucam, envenenam e destroem os outros emocionalmente. Em geral, nossas palavras são lançadas como mísseis verbais para atacar o comportamento, a aparência, a inteligência, a competência ou o valor de alguém.

As palavras machucam e destroem por dentro, como se fossem golpes físicos, e dilaceram a pele. É por isso que usamos a expressão *violência* verbal. Nem sempre nos damos conta dos danos causados por nossas palavras porque não vemos os machucados e ferimentos interiores.

O dano emocional continua dentro da pessoa, mesmo depois de o ataque verbal cessar. Volte à sua infância. Era comum o uso de armas tóxicas verbais em sua casa? Você ainda carrega cicatrizes interiores causadas por palavras ferinas que ouviu de seus pais, irmãos, irmãs ou amigos?

Algumas formas de violência verbal são mais sutis; mas podem machucar da mesma maneira. Essa violência indireta manifesta-se em forma de sarcasmo, provocações e humilhação disfarçados de humor.

Uma das armas tóxicas verbais mais comuns — e não tão sutil — encontrada em nosso arsenal são as *palavras de julgamento*. Quando as armas de julgamento são disparadas, o alvo recebe uma carga enorme de culpa, fazendo a pessoa sentir-se inaceitável perante você e perante ela própria.

O menosprezo é uma das formas mais danosas de julgamento. Menosprezar alguém é fazer pouco caso de seu comportamento, de seus sentimentos, seus pensamentos ou de suas realizações.

Outra forma é a acusação. Tenho visto pessoas usarem esse método para não assumir responsabilidade pelos próprios atos. Elas acusam o outro de ter sido o "causador" de seus problemas e transtornos emocionais. Provavelmente você já disse isto ou ouviu outros dizerem: "Você me deixa muito infeliz", "Seu comportamento vai acabar comigo", "Eu gostaria que você não me deixasse tão indignado". Na verdade, essas palavras querem dizer o seguinte: "Isto só aconteceu por sua causa". E como você acha que a outra pessoa reagirá? Defensivamente, é claro.

Dan estava desesperado para salvar sua família mista. Ele tinha uma filha do casamento anterior, e sua esposa atual, Lucy, tinha três filhas do casamento anterior. Laura (de 17 anos), filha de Dan, e Shelly (de 15 anos), filha de Lucy, moravam com o casal. As duas filhas mais velhas de Lucy estudavam e moravam na faculdade.

Lucy era o cônjuge dominante. Acusava o marido de dar preferência a Laura e estava convencida de que Laura achava que ela (Lucy) amava mais a filha, Shelly, do que a amava. Além disso, havia uma tensão considerável entre Lucy e Laura. Laura sentia-se menosprezada pela madrasta pelos incidentes ou pelas discussões que ocorriam entre ela e Shelly.

Depois de buscar aconselhamento, eles descobriram que seu método de comunicação estava prejudicando-os e aumentando o abismo entre a família. Eles faziam uso de conversas banais ou tentavam mudar o comportamento um do outro recorrendo a algumas atitudes às quais damos o nome de "doze atitudes condenadas", isto é, reações que afastam as pessoas em vez de aproximá-las: reclamar, criticar, julgar, agir com negativismo, acusar, rotular, assumir posição defensiva, não dar atenção, supor sem comprovar os fatos, abusar da autoridade, seduzir ou criar sentimento de culpa na outra pessoa.

Lucy e Laura surpreenderam-se ao ver que a maior parte do diálogo entre elas refletia aqueles dois estilos de comunicação. Em razão disso, perto de 95% da comunicação verbal entre elas estava sendo prejudicada.

Finalmente Dan e Lucy reconheceram o que havia acontecido na família: a interação negativa entre Lucy e Laura levara Laura a tornar-se rebelde. Essa rebeldia elevou as interações negativas a um patamar mais alto. Quando os pais e a filha começaram a fazer uso das "doze atitudes condenadas", as discussões, as brigas e os gritos intensificaram-se. Esse tipo de comunicação nunca resolve conflitos ou problemas; ao contrário, transforma o conflito em contenda, chegando ao nível de hostilidade, no qual um dos cônjuges ou o filho abandona o lar ou parte para a agressão física.

Quando você age dessa forma, Satanás faz todos os esforços possíveis para o distanciar de Deus e dos outros. Ele quer destruir seu amor por Deus e pelos outros. Se não for combatido, esse comportamento poderá provocar isolamento, separação ou divórcio, afastando você de seus queridos. É assim que Satanás age para destruir casamentos, famílias e outros relacionamentos.

No entanto, quando o Pai, o Filho e o Espírito Santo entram em ação, é possível haver uma interação positiva e saudável. Deus deseja salvar os casamentos, as famílias e as amizades.

Dan e Lucy começaram a usar um estilo positivo de interação (v. estilos 3 e 4 no diagrama intitulado "Quatro estilos de comunicação", no final deste capítulo). Deixaram de fazer exigências e passaram a adaptar-se e a ouvir um ao outro. Juntos, construíram uma ponte de amor e graça quando perdoaram um ao outro e os ex-cônjuges. Logo depois as duas filhas, Laura e Shelly, também aprenderam a relacionar-se melhor entre si. Eliminaram as "doze atitudes condenadas" e as substituíram por conversas mais positivas, usando as seis frases que curam relacionamentos. Até as duas filhas mais velhas que estavam na faculdade notaram a diferença e procuraram aproximar-se mais da família.

"Que diferença Jesus e sua graça são capazes de fazer em uma família!", disse Dan. "Nossa família estava morrendo, mas agora estamos vivos e aprendendo a nos comunicar e a nos relacionar uns com os outros, com amor e perdão. A graça de Deus é verdadeiramente suficiente."

Apontar falhas alheias

Apontar falhas alheias é uma das formas mais destrutivas de violência verbal. É outra maneira de acusar e julgar. Não podemos manifestar a graça de Deus aos outros por meio de acusações. A pessoa que age assim aparenta ter uma necessidade insaciável de apontar os defeitos dos outros. Ela está sempre olhando a outra pessoa por meio de uma lente crítica e apontando o que fez ou não fez, o que disse ou não disse, e o que poderia ou não poderia fazer no futuro. Até os erros ou defeitos mais insignificantes são rapidamente expostos e corrigidos. As pessoas questionadas a respeito dessa conduta quase sempre reagem defensivamente: "Só estou tentando ajudar". Em geral, porém, o sofrimento da pessoa diante de críticas e correções constantes extrapola os benefícios.

É comum o apontador de falhas alheias ser perfeccionista, com expectativas irreais de que ele e os outros deveriam ser perfeitos. Essa expectativa é o estopim para agressões verbais e pressões quando o outro erra. Lamentavelmente, a outra pessoa passa a ser o bode expiatório do fracasso de quem lhe apontou a falha. E, por não estar à altura de seus padrões de perfeição, ela se torna procrastinadora. O medo de não agir com perfeição leva-a a adiar as ações por medo de ser criticada. Quanto mais ela demora, mais estressada se sente pela pressão de precisar agir. Logo ela ficará imobilizada por sua falta de perfeição e desistirá.

O ato de apontar falhas alheias nem sempre é verbal. Um olhar de zombaria, o cenho franzido ou um gesto de condenação também transmitem desagrado. As críticas não verbalizadas são, em geral, difíceis de ser interpretadas e fazem a outra pessoa pensar: "O que está havendo? Quem é o louco? Eu ou você?". Nas famílias desestruturadas, o silêncio é uma forma clássica de controlar, punir e criticar. Deus não nos criou dentro de uma família para permanecermos em silêncio. Fomos criados para nos comunicar uns com os outros, mas de forma saudável, que reflita a presença de Deus em nossa vida.

Aqui estão alguns motivos que explicam a razão de o ato de apontar falhas alheias ser tão destrutivo nos relacionamentos:

- Ele fere profundamente. As críticas verbais e não verbais contínuas dizem: "Eu não aceito seu modo de agir nesta fase da vida. Você não está à altura do que faz, e só vou aceitar você depois que conseguir acertar". Em mais de quarenta anos de aconselhamento, tenho ouvido centenas de pessoas chorando de sofrimento em meu consultório: "As críticas de meus pais me arrasavam quando eu era criança. Eles me faziam sentir um lixo. Nunca fui aceito por eles, e até hoje procuro alguém que me diga que sou uma pessoa normal".
- Ele também fere a própria pessoa. Aquela que foi ferida torna-se temerosa ou tomada de ira e retribui na mesma moeda por meio de afastamento, ressentimento e agressão, de forma clara ou velada.
- Ele não muda ninguém. Embora a pessoa aparente ter mudado seu comportamento por causa da crítica, o coração dela raramente muda.
- Ele é contagioso. O apontador de falhas alheias ensina intolerância aos outros por

meio de exemplos. E as pessoas que recebem a influência (como os filhos dos apontadores de falhas) aprendem a ser críticas com elas próprias e com os outros.

- Ele acentua características e comportamentos negativos. Quando você presta muita atenção aos erros ou comportamentos irresponsáveis de alguém, está reforçando-os em vez de eliminá-los.

Helen enfrentou um divórcio muito penoso e devastador. O marido abandonou-a para viver com a melhor amiga dela, deixando Helen com duas rejeições dolorosas ao mesmo tempo. É desnecessário dizer que ela ficou extremamente deprimida. Conforme ocorre com muitas pessoas em circunstâncias semelhantes de infidelidade e divórcio, Helen achou que nunca mais voltaria a se casar. Entretanto, depois de dois anos, ela começou a namorar outro homem. Infelizmente, ele também a abandonou. Alguns meses depois daquela rejeição, ela teve outro relacionamento rompido.

Então, Helen encontrou um "bom rapaz", chamado Ben, um homem loucamente apaixonado por ela; mas ela não sentia nenhuma paixão por ele. Helen casou-se com Ben, apesar da falta de um vínculo emocional forte com ele. Casou-se porque finalmente encontrara um homem que a prezava muito.

Depois de alguns meses, Helen começou a encontrar falhas em Ben. Tentou lidar sozinha com o problema, mas não conseguiu. Evidentemente, ela ainda tinha dentro de si uma carga enorme de raiva mal resolvida que precisava ser enfrentada. Embora sentisse na superfície que perdoara o ex-marido e a amiga, no fundo isso não era verdade.

Ao contrário, Helen optou por um perdão pseudointelectual: por ser cristã, ela sabia que a falta de perdão em sua vida era intolerável, mas não havia lidado emocionalmente com a raiva.

Com o tempo, as reclamações de Helen e as falhas que ela apontava em Ben resultaram em divórcio. Achando merecer algo melhor, ela estava determinada a encontrar outro homem pelo qual se apaixonasse. Além de não conseguir entregar-se incondicionalmente a Ben, ela não recebera dele o que desejava emocionalmente.

Por seu lado, Ben teve dificuldade em abrir mão de seu relacionamento com Helen. Ele também já havia sido casado e estava enfrentando uma segunda rejeição. Sofreu muito, porque a rejeição é uma das experiências mais difíceis de se recuperar. Dói demais ouvir: "Eu não quero você".

Embora o ato repetitivo de apontar falhas seja prejudicial aos relacionamentos, há ocasiões em que precisamos oferecer orientações construtivas. No entanto, a forma pela qual expressamos essa orientação e como a outra pessoa a recebe faz toda a diferença do mundo! A condenação e a atitude de apontar falhas de maneira negativa não promovem o crescimento interior de ninguém.

Além disso, a condenação é antibíblica. Jesus disse: "Não julguem, para que vocês não sejam julgados. Pois da mesma forma que julgarem, vocês serão julgados; e a medida que usarem, também será usada para medir vocês" (Mateus 7.1,2). Paulo escreveu: "Portanto, deixemos de julgar [criticar e censurar] uns aos outros. Em vez disso, façamos o propósito de não colocar pedra de tropeço ou obstáculo no caminho do irmão" (Romanos 14.13).

Crítica

A crítica é a reação negativa inicial que abre a porta para outras reações destrutivas. É diferente da queixa porque ataca a personalidade e o caráter da pessoa, em geral com acusação. A maioria das críticas é generalizada ("Você sempre...") e acusa diretamente a pessoa (a palavra "você" é central, e a palavra "deveria" ocupa lugar de destaque).[38]

A crítica é quase sempre destrutiva, embora os críticos digam que estão apenas tentando transformar o parceiro ou o filho em uma pessoa melhor, por meio de conselhos construtivos. É muito comum, entretanto, a crítica não ser construtiva; ela é destrutiva. Não alimenta o relacionamento; envenena-o. A crítica acusa, tenta fazer a outra pessoa sentir-se culpada, intimida e costuma ser ramificação de um ressentimento pessoal.

A crítica apresenta-se de várias maneiras e tamanhos. Você já deve ter ouvido falar dos "*zingers*",[39] aqueles mísseis verbais e letais. O *zinger* atinge-nos com uma ponta afiada e uma farpa sutil que penetra na carne. O poder desses comentários mordazes e ferinos é visto quando percebemos que um *zinger* é capaz de anular 20 atos de bondade. Em particular, os homens não sabem lidar muito bem com os *zingers* quando são atingidos por eles.

Quando o *zinger* atinge o alvo, o efeito assemelha-se a uma nuvem radioativa que pousa sobre uma terra fértil de primeira qualidade. A terra é tão contaminada pela radioatividade que todas as sementes plantadas não conseguem criar raízes; elas morrem e são levadas pelos elementos

---

38 WRIGHT, H. Norman. **Communication:** Key to Your Marriage. Ventura, CA: Regal Books, 2000, p. 76.

39 Observações ou comentários mordazes. [N. do T.]

da natureza. A terra só volta a ser fértil depois de décadas. Os atos de bondade e as palavras carinhosas lançados após um *zinger* radioativo encontram o mesmo solo hostil. Só depois de muito tempo é que poderá haver receptividade ou reação positiva a qualquer tipo de aproximação.

Lola foi criada em uma família que costumava criticar e menosprezar uns aos outros. Eles estavam sempre discutindo, apontando falhas, gritando, brigando e lançando uma profusão de *zingers* uns nos outros, criando infelicidade e caos na família. A raiva, amargura, hostilidade e falta de perdão eram visíveis. Lola aprendeu a sentir raiva em razão dos confrontos repetitivos, conforme a Bíblia diz ocorrer quando os pais criam um ambiente de críticas dentro do lar. "E agora uma palavra a vocês, pais: Não repreendam continuamente seus filhos, para que não se tornem irados e ressentidos. Antes, criem-nos segundo a disciplina e o conselho do Senhor, com sugestões e conselhos piedosos" (paráfrase de Efésios 6.4).

Os filhos aprendem com os exemplos que veem! Problemas e violência ocorrem quando a negatividade faz parte da comunicação de uma família. Um regime constante de negatividade causa efeito devastador no casamento e nos filhos e pode tornar-se um hábito hereditário ou maldição.

Lola queria acabar com aquelas críticas, acusações e *zingers* entre ela, o marido e os filhos. Ligou para mim um dia e disse: "Larry, o Espírito Santo convenceu-me de que preciso perdoar meus pais para poder romper com essa maldição [tendência] hereditária". Ao vasculhar o passado, ela descobriu que a ira vinha dos tempos de seu bisavô e decidiu que precisava perdoar os pais como Cristo a perdoara (v. Efésios 4.32). Descobriu também que podia estender aquela graça aos pais. Lola queria libertar-se e não mais permitir que sua vida girasse em torno da raiva, amargura e falta de perdão. Em outras palavras, ela queria ser livre — e conseguiu! Você também pode libertar-se para ser tudo o que Jesus planejou para sua vida e conhecer o que a graça pode fazer para curar seus relacionamentos e feridas do passado.

Os *zingers* são devastadores para os relacionamentos. Levam toda a alegria embora. Você pode passar um dia maravilhoso praticando atos de bondade, sendo atencioso e carinhoso durante horas, mas, de repente, em um momento de raiva, você abre a boca e profere um comentário mordaz. A sensação é a de que alguém passou um apagador gigantesco em seus relacionamentos e eliminou todas as suas ações e palavras positivas. Esse princípio é semelhante ao da barra de chocolate. Você gasta vinte minutos fazendo exercícios físicos para eliminar as calorias de uma barra de chocolate, mas apenas um minuto para comer outra e anular todos os efeitos do exercício.

Posição defensiva

A pessoa que sempre recebe críticas e *zingers* e tem suas falhas apontadas constrói muros ao redor de si. É compreensível. Queremos nos proteger, por isso nos escondemos atrás de um muro para afastar as outras pessoas. Isso se chama *posição defensiva*.

"Eu não fiz aquilo; essa ideia só pode ter saído da sua cabeça."

"Você é quem nunca me ouve... não aponte o dedo para mim."

A posição de defesa tem muitas formas e aspectos. Quando seu cônjuge o acusa de ter feito alguma coisa, você nega ou insiste que a culpa não foi sua. Ou inventa desculpas: "O cão comeu a lista que você me deu". Ou apresenta posição defensiva por meio da linguagem do corpo.

Você pode considerar as palavras (reclamações ou preocupações) de seu cônjuge como um ataque ou como uma informação manifestada de maneira muito forte. A escolha é sua. Contudo, se estiver seguindo a Bíblia como guia para comunicação, preste atenção nisto: você precisa admitir quando está errado. Na maior parte do tempo, não há necessidade de adotar posição defensiva.

Muitas pessoas acham difícil, e até impossível, dizer: "Estou errado; você está certo". Se necessário, repita várias vezes essa sentença para poder dizê-la em momentos de discordância ou discussão com seu cônjuge. Quando assume sinceramente que está errado e que a outra pessoa está certa, você melhora mil vezes a comunicação e intensifica o relacionamento com seu cônjuge, com seus filhos e com outras pessoas. O apóstolo Tiago aconselha-nos a confessar nossos pecados uns aos outros e a orar uns pelos outros (v. 5.16). Provérbios 28.13 também apresenta um bom conselho: "Quem esconde os seus pecados não prospera, mas quem os confessa e os abandona encontra misericórdia".

Às vezes, ao ouvir as críticas de seu cônjuge, você terá de admitir estar errado, mas isso nunca é fácil. Pode ser também um artifício. Não faça o jogo do "O erro foi meu" com seu cônjuge. É fácil usar essa frase para forçá-lo a sentir-se pesaroso e parcialmente culpado, mesmo quando a culpa não é dele: "Acho que parte da culpa cabe a mim".

Quando você receber crítica de seu cônjuge, e estiver com a razão, lembre-se destes provérbios:

> Quem despreza a disciplina cai na pobreza e na vergonha, mas quem acolhe a repreensão recebe tratamento honroso. (Provérbios 13.18)
>
> Dedique à disciplina o seu coração, e os seus ouvidos às palavras que dão conhecimento. (23.12)
>
> Como brinco de ouro e enfeite de ouro fino é a repreensão dada com sabedoria a quem se dispõe a ouvir. (25.12)

Se realmente você estiver errado, disponha-se a admitir o erro. Diga algo mais ou menos assim: "Tenho certeza de que a culpa foi minha. Sinto muito pelo que eu disse e por ter ofendido você. O que posso fazer para ajudar ou reparar meu erro?". Essas frases fazem maravilhas.

Discussões agressivas

> De onde vêm as guerras [discussões agressivas] e contendas que há entre vocês? Não vêm das paixões que guerreiam dentro de vocês? Vocês cobiçam coisas, e não as têm; matam e invejam, mas não conseguem obter o que desejam. Vocês vivem a lutar e a fazer guerras. Não têm, porque não pedem. Quando pedem, não recebem, pois pedem por motivos errados, para gastar em *seus* prazeres. (Tiago 4.1-3, grifo nosso)

Será que esse texto da Bíblia significa que não teremos nenhum conflito? Não. Poucas pessoas são capazes de viver juntas em família sem conflito — paladares, preferências, hábitos, gostos e aversões, diferenças de personalidade, valores e padrões entrarão em conflito um dia.

Lembre-se, contudo, de que conflitos e discordâncias não são o mesmo que discussões agressivas.

O conflito verbal em si não é tão prejudicial; pode abrir portas de comunicação. Por outro lado, a discussão agressiva ou o conflito verbal nos quais as emoções assumem o controle fecham as portas de comunicação, porque a solução do conflito deixa de ser o objetivo principal, que passa a ser derrotar, magoar ou forçar a outra pessoa a sair perdedora. Quando a discussão termina, em geral há uma distância maior entre as duas pessoas ou resíduos de um sentimento negativo. A Palavra de Deus é específica quanto ao que devemos fazer com as discussões agressivas:

> O homem que não tem juízo ridiculariza o seu próximo, mas o que tem entendimento refreia a língua. (Provérbios 11.12)
>
> Começar uma discussão é como abrir brecha num dique; por isso resolva a questão antes que surja a contenda. (17.14)
>
> É uma honra dar fim a contendas, mas todos os insensatos envolvem-se nelas. (20.3)
>
> O que o carvão é para as brasas e a lenha para a fogueira, o amigo de brigas é para atiçar discórdias. (26.21)
>
> Façam todo o possível para viver em paz com todos. (Romanos 12.18)
>
> Esforcem-se para viver em paz com todos e para serem santos; sem santidade ninguém verá o Senhor. (Hebreus 12.14)

Precisamos lembrar que temos poder para mudar a vida de outra pessoa por meio de palavras. Paulo disse que precisamos vigiá-las: "Nenhuma palavra torpe saia da boca de vocês, mas apenas a que for útil para edificar os outros, conforme a necessidade, para que conceda graça aos que a ouvem" (Efésios 4.29).

O que devo fazer para mudar?

Talvez você esteja pensando: *Está certo, Norm. Você argumentou bem. Todavia, eu ainda me sinto frustrado com os outros. Como posso transformar minhas reações verbais violentas em palavras úteis e encorajadoras?*

Com essa pergunta, você já deu o primeiro passo. Antes de fazer qualquer mudança, é necessário reconhecer sua necessidade de mudar. Parabéns! Você está no caminho certo!

O segundo passo é identificar, de maneira clara, as tendências verbais destrutivas que você está empregando. Para ajudar você, sugiro que faça o que tenho pedido a muitas pessoas em meu consultório: comece a gravar suas conversas em casa. Compre um gravador e várias fitas cassete de 90 minutos. Ligue o gravador nas horas de refeição, no início de uma discussão familiar ou em ocasiões em que a família está reunida, e deixe a fita rodar. Depois de alguns instantes de inibição, todos esquecerão o gravador e começarão a interagir normalmente.

Após ter gravado várias interações, ouça a fita. Enquanto ouve, concentre-se em seu padrão recorrente de comunicação em vez de julgar o dos outros. Anote seus comentários ofensivos e faça um resumo dos tipos de armas verbais que usa (sarcasmo, provocação, apontamento de erros, acusação, menosprezo, e assim por diante).

O terceiro passo é começar a incorporar a orientação da Bíblia a seus diálogos. *Você precisa estar em sintonia com a Palavra de Deus.* Estes são alguns conselhos práticos:

- Escreva cada um destes versículos de Provérbios sobre comunicação em cartões separados: 10.19; 12.18; 14.29; 16.24; 17.9; 19.11; 29.20.
- No verso de cada cartão, escreva uma frase descrevendo como você pretende seguir as orientações daquele versículo. Escreva uma frase específica e pessoal, talvez começando com as palavras "Eu vou...".
- Leve esses cartões com você nos próximos trinta dias e leia cada versículo e frase várias vezes por dia em voz alta. No final dos trinta dias, você já deverá ter memorizado a maioria dos versículos e começado a incorporar os conceitos em sua forma de comunicação.

Constatei que é útil envolver seu cônjuge ou um amigo confiável nesse processo. Diga-lhe o que está fazendo, leia as frases para ele ou ela e peça-lhe que cobre de você a tarefa de não desistir do exercício.

Sugiro também que você faça um diário de "melhorias na comunicação". Anote diariamente seu progresso nas atitudes, nos sentimentos e nos diálogos. Todas as anotações devem ser positivas; não mantenha um registro de problemas ou derrotas. Observe as mudanças ocorridas em você e como os outros estão reagindo a elas. Compartilhe suas reações com seu cônjuge ou amigo. No fim de cada semana, leia o diário inteiro, desde o início. Realize essa tarefa fielmente durante um mês e decida se deseja continuar por mais um mês.

Transmitindo graça no casamento

Vamos estender um pouco mais esse último passo e falar sobre comunicação no casamento. Muitos casais comunicam-se no casamento como se a vida fosse uma disputa. Acusam um ao outro, competem entre si e resistem constantemente um ao outro. Nossa sociedade nos ensina que devemos ser competitivos. Acreditamos que somos vencedores ou perdedores, e o melhor é ser vencedor (a qualquer preço). Contudo, há muitos vencedores que venceram as batalhas, mas perderam a guerra.

Uma ótima forma de lidar com o ponto de vista da outra pessoa é não lutar contra ele, mas encontrar alguns pontos de concordância. Isso permite caminhar *ao lado* da pessoa em vez de bater de frente com ela. A atitude necessária é: "Como nós dois podemos alcançar um pouco daquilo que desejamos?". A vida *não* é uma disputa! Quase sempre, porém, os casais a transformam em disputa!

Recomendo também que os casais (ou duas pessoas em um relacionamento) digam palavras de aprovação um ao outro. Tente encontrar mudanças positivas na outra pessoa e diga-lhe isso com um abraço ou um beijo. Diga-lhe também que você notou a mudança positiva e a apreciou muito. Isso produz uma força positiva capaz de melhorar o relacionamento.

Quando você emprega armas verbais tóxicas na comunicação, está se posicionando contra a pessoa. No entanto, quando suas palavras são cheias de afeto e encorajamento, você se posiciona ao lado dela. Lemos em 1Tessalonicenses 5.11: "Portanto, animem-se uns aos outros e edifiquem-se uns aos outros, tal como já estão fazendo" (*BV*).

Chamado para animar uns aos outros

O filho necessita que seus pais acreditem em seu potencial. O cônjuge necessita que o outro acredite em seu potencial. Acredite nas pessoas. Concentre suas forças para edificar a autoestima, a autoconfiança e os valores delas. Ajude-as a enxergarem como Deus as enxerga. Torne-se um descobridor de novos valores, ajudando os outros a descobrirem suas características peculiares, dons e potencial. Fomos chamados para animar uns aos outros.

A Bíblia afirma que as outras pessoas saberão que somos cristãos em razão do amor que demonstrarmos uns aos outros. E uma das maneiras de refletir esse amor é animar uns aos outros. Veja o que a Palavra de Deus nos ordena a fazer.

Em Atos 18.27 (*AEC*), o verbo "animar" significa "encorajar ou persuadir". Em 1Tessalonicenses 5.11 (*BV*), significa "estimular a outra pessoa a realizar os deveres comuns da vida". Como você pode fazer isso por meio das palavras que diz?

Examine 1Tessalonicenses 5.14: "Exortamos vocês, irmãos, a que advirtam [admoestem e aconselhem seriamente] os ociosos, confortem os desanimados, auxiliem os fracos, sejam pacientes para com todos".

A Bíblia usa uma variedade de palavras para descrever nosso envolvimento com os outros, bem como o relacionamento propriamente dito. "Rogar" (*parakaleo*) significa "suplicar ou exortar", com o objetivo de criar um clima de insistência para ouvir e reagir a uma ordem. Trata-se de um verbo moderadamente ativo. Paulo usa-o em Romanos 12.1 e 1Coríntios 1.10 (*ARA*). Como você pode fazer isso por meio das palavras que diz?

O verbo traduzido por "confortar" (*paramutheomai*) em 1Tessalonicenses 5.14 significa "consolar, encorajar e animar". Esse processo inclui elementos de compreensão, redirecionamento de ideias e mudança geral do foco (passando do negativo para o positivo). No contexto do versículo, refere-se à pessoa que está desencorajada e prestes a desistir. É necessário transmitir fé e esperança a essa pessoa até que ela desenvolva a fé por si própria. Como você pode fazer isso por meio das palavras?

"Auxiliar" (*anechomai*) contém basicamente a ideia de "ter interesse em, dedicar-se a, prestar ajuda ou sustentar de modo espiritual e emocional". É mais uma abordagem positiva que um envolvimento ativo. Sugere a ideia de andar ao lado da pessoa e ampará-la. No contexto de 1Tessalonicenses 5.14, parece referir-se aos incapazes de ajudar a si mesmos. Como você pode fazer isso por meio das palavras que diz?

Lemos em 1Tessalonicenses 5.11: "Portanto, animem-se uns aos outros e edifiquem-se uns aos outros, tal como já estão fazendo" (*BV*).

Hebreus 3.13 (*NTLH*) diz: "[...] animem-se uns aos outros [...]". No contexto desse versículo, o verbo "animar" está associado a proteger o cristão da insensibilidade.

Hebreus 10.25 (*BV*) diz: "[...] animemo-nos e nos admoestemos uns aos outros [...]". Neste caso, o verbo "animar" significa manter em pé a pessoa que, se não receber ajuda, desfalecerá. O ânimo que você transmite servirá como pilares de concreto de uma base estrutural. Como você pode fazer isso por meio das palavras?

Um de meus versículos favoritos encontra-se em Provérbios 12.25: "O coração ansioso deprime o homem, mas uma palavra bondosa o anima".

Palavras de ânimo e encorajamento podem mudar nossa vida, porque queremos que os outros acreditem em nós. E nós precisamos disso. Encontramos um exemplo insólito dessas palavras na tribo babemba, no sul da África. Quando um membro da tribo age de maneira irresponsável, ele é levado ao centro do vilarejo. Todos param de trabalhar e reúnem-se formando um grande círculo ao redor da pessoa. Cada membro da tribo, independentemente da idade, dirige-se à pessoa e menciona todas as coisas boas que ela fez. Todos os incidentes positivos na vida da pessoa, mais os atributos positivos, pontos fortes e bondade são lembrados com exatidão e em detalhes. Nenhuma palavra sobre o comportamento errado da pessoa é mencionada.

A cerimônia, que às vezes dura vários dias, só termina depois de todos os membros da tribo terem falado. A pessoa no centro do círculo, depois de receber um "banho" de palavras positivas, é reintegrada à tribo. Você é capaz de imaginar como a pessoa se sente depois disso? É capaz de imaginar seu grande desejo de continuar a refletir aquelas qualidades positivas? Talvez seja necessária uma variação dessa cerimônia nos casamentos e famílias de hoje.[40]

A Palavra de Deus é muito clara sobre o que devemos fazer. Para ser uma pessoa encorajadora e confiável, você precisa refletir as qualidades de caráter de 1Coríntios 13. Aqui elas foram expandidas de maneira ímpar:

- Paciente (tolera fragilidades, imperfeições e defeitos das pessoas em sua vida)
- Bondoso (carinhoso, cuidadoso com os outros)
- Não inveja (as amizades sinceras com outras pessoas ou os dons e talentos especiais dos outros)
- Não se vangloria (da aparência pessoal ou das realizações na tentativa de competir com os outros)

---

[40] WRIGHT, H. Norman. **Communication:** Key to Your Marriage. Ventura, CA: Regal Books, 2000.

- Não se orgulha (não desdenha a aparência ou as realizações dos outros; não menospreza ninguém)
- Não maltrata (não é grosseiro com as necessidades ou os sentimentos dos outros)
- Não procura seus interesses (está disposto a comprometer-se, a considerar as necessidades e os interesses dos outros)
- Não se ira facilmente (não grita com os outros; é acessível)
- Não guarda rancor (não se ressente; perdoa)
- Não se alegra com a injustiça (não fica feliz com a desgraça alheia; não mantém um registro dos erros observados nos outros)
- Alegra-se com a verdade (é fiel à realidade; não tenta esconder nada dos outros)
- Tudo sofre (ampara os outros em tempos de dificuldades)
- Tudo crê (não contradiz as palavras dos outros)
- Tudo espera (não mergulha em pessimismo acerca de seu relacionamento; tem sempre uma atitude positiva)
- Tudo suporta (não cede às pressões da vida; deseja permanecer ao lado dos outros quando enfrentam problemas pessoais)

Ore!

Outro elemento essencial à verdadeira mudança na maneira pela qual nos comunicamos (quase sempre esquecido por parecer óbvio demais) é a oração. Precisamos ter uma comunicação aberta, sincera e constante com Deus se quisermos receber graça, fé, sabedoria e força para mudar.

Acompanhe a história da família de um ex-militar. Aquela família cristã de oito pessoas um dia foi muito unida, mas agora estava atravessando um período muito conturbado. A mãe, Emily, ficou muito preocupada ao saber que sua filha, Becky, estava com câncer. Emily e o marido, Charley, foram para a casa de Becky, em outro estado, para ajudar a filha e cuidar dos netos. Emily queria fazer muito mais pela filha, mas o fato de Becky não querer que os filhos tomassem conhecimento de sua doença tornou a situação difícil demais para Emily. Depois de três noites sem dormir, Emily achou que um pouco de vinho poderia acalmar seus nervos e ajudá-la a enfrentar o problema.

Infelizmente, isso só serviu para piorar a situação. Becky viu Emily bebendo e ficou muito aborrecida. Chegou à conclusão de que a mãe era alcoólatra e pediu que os pais deixassem sua casa.

Charley e Emily tentaram explicar o que acontecera, mas Becky não quis ouvi-los — insistiu que partissem imediatamente. De volta para casa, Emily ficou tão deprimida que precisou ser hospitalizada para receber medicamentos ansiolíticos e antidepressivos. Mesmo assim, ela e Charley tentaram aproximar-se da filha. Becky, contudo, não quis falar com eles, chegando ao cúmulo de devolver os presentes que eles haviam enviado aos netos.

Becky contou a um de seus irmãos, Ben, o que havia ocorrido, apresentando sua versão dos fatos ao dizer que a mãe era alcoólatra. Contou-lhe que os pais a abandonaram no momento em que ela mais necessitava deles. Ben acreditou nas palavras de Becky e também ficou indignado com Emily e Charley. Ben não quis ouvir as explicações dos pais. Achou que eles estavam inventando desculpas por terem abandonado Becky.

Além de não dar ouvidos às explicações da mãe e do pai, Becky incluiu os outros irmãos no conflito. Metade dos filhos posicionou-se *do lado* da mãe e do pai e a outra metade posicionou-se *contra* a mãe e o pai. Será que a graça de Deus pode trazer cura àquela família? Seus membros se perdoarão e se reconciliarão? Todos os mal-entendidos e suposições ocorridos na família realçam a necessidade de uma comunicação saudável.

Não existem pais perfeitos nem filhos perfeitos. É necessário construir pontes de amor e graça nos casamentos, nas famílias e em outros relacionamentos para que os problemas, as mágoas, as rejeições e os mal-entendidos possam ser resolvidos e curados. Aquela família permitiu que os problemas do passado prejudicassem o relacionamento entre seus membros. A interação saudável e amorosa deu lugar a mais tensão e brigas porque os problemas não foram discutidos nem enfrentados ao longo dos anos.

Emily e Charley têm intensificado suas orações e feito o possível para reconciliar a família. Estão determinados a estender graça a todos os filhos, na esperança de que os filhos estendam graça a eles e entre si. Acreditam não haver espaço para ódio no Reino de Deus nem em sua família, e a oração diária deles é: "Ó Deus, concede favor à nossa família por meio de tua graça. Traze arrependimento, perdão, reconciliação e restauração à nossa família, para que ela conheça plenamente o caminho, a verdade e a vida, Jesus Cristo. Pedimos que nossa família volte à sensatez e escape da armadilha do Diabo na qual estamos aprisionados há muito tempo" (paráfrase de 2Timóteo 2.25,26). Esses pais acreditam que Deus os fortalecerá para continuarem a estender a mão aos filhos e ter paciência para nunca desistir.

Esperamos que, por intermédio de Jesus, os filhos que se afastaram de Emily e Charley exercitem graça para reconciliar-se com Deus e com as pessoas que eles magoaram. Haverá cura quando eles conseguirem expressar as seis frases restauradoras de relacionamentos. Você pode imaginar o que acontecerá quando essa família conseguir dizer um ao outro: "Eu estava errado", "Você estava certo", "Sinto muito", "Eu o perdoo", "Por favor, perdoe-me" e "Eu amo você"?

Vamos recapitular os passos para *transmitir graça* em nossos relacionamentos:

1. *Reconheça sua necessidade de mudar e procure ajuda.* Provavelmente, você já deu este passo, mas separe um minuto para dizer ao Senhor qual a mudança que você deseja que aconteça em sua vida. Anote o nome de uma pessoa — amigo de confiança, membro da família, pastor ou conselheiro — com quem possa falar deste assunto.
2. *Identifique claramente as tendências verbais destrutivas ou de comunicação que você deseja que mudem.* É muito importante você *especificar* por escrito o que deseja mudar em sua maneira de comunicar-se com os outros (por exemplo, ser encorajador em vez de crítico; observar os pontos positivos nas pessoas, não os negativos; ser capaz de manifestar frustração e ira de maneira educada e controlada). Se tiver um gravador, grave suas conversas, ouça-as e anote suas observações, conforme descrito anteriormente.
3. *Medite na Bíblia.* Siga as instruções anteriores para escrever os versículos que tratam da arte de falar e da comunicação. Use os versículos

mencionados e procure outros na Bíblia. Escreva os versículos que encontrou e anote seu comprometimento pessoal no verso. Coloque-os em lugar onde possa lê-los com frequência e medite todos os dias neles, orando para que o Senhor os torne reais em sua vida.

4. *Comece a fazer um diário sobre seu progresso na comunicação*, conforme descrito anteriormente.
5. *Esforce-se para reconhecer e aceitar o ponto de vista da outra pessoa (mesmo que seja diferente do seu).* Talvez você não concorde plenamente com o que a outra pessoa diz ou com as coisas nas quais ela acredita, mas você poderá alimentar uma boa comunicação ouvindo o ponto de vista dela, sem julgamentos (nem mesmo em pensamento!).
6. *Encoraje!* Aproveite cada oportunidade para encorajar seu cônjuge, seu filho, seu pai, sua mãe, seus amigos, colegas de trabalho e todos com quem interage. Observe suas qualidades e diga-lhes o que aprecia em cada um deles.
7. *Ore!* A verdadeira mudança em qualquer aspecto de nossa vida só ocorre por meio de um relacionamento vibrante com o Senhor. Continue a levar seus problemas de comunicação a ele e peça-lhe diariamente que faça de você um ministrador de sua graça restauradora.

Pela graça de Deus, você pode apropriar-se desses passos em sua vida por meio de Jesus Cristo. Sua vida e seus relacionamentos melhorarão sensivelmente. A graça que restaura pode ocorrer dentro de você e de seus relacionamentos, conforme veremos no capítulo seguinte.

DIAGRAMA III

QUATRO ESTILOS DE COMUNICAÇÃO

Estilo	Intenção	Comportamento	Características, voz e corpo
I	Amistosa Sociável Brincalhona	Conversa banal Informações Tempo	Ninguém tem valor Voz: inexpressiva Corpo: não ameaçador Sem desejo de arriscar-se Pouca/nenhuma autoexibição Não causa confusão, apaziguador
II	Forçar mudança	Reclamar Não dar atenção Criticar Supor sem comprovar os fatos Julgar Abusar da autoridade Agir com negativismo Seduzir Acusar Criar sentimento de culpa na outra pessoa Rotular Assumir posição defensiva	Eu tenho valor — acusado emocionalmente Voz: firme, chorosa, irada, alta, áspera Corpo: intimidador, ameaçador Fechado a diálogos Nenhuma autoexibição
III	Entender e explorar: passado, presente, futuro	Dar apoio Explicar Apresentar soluções e alternativas Comprovar as suposições Exercer influência	Qualificado: eu tenho valor, você tem valor Voz: calma, serena, hesitante Corpo: mais receptivo Aberto ao diálogo Pouca autoexibição

DIAGRAMA III (CONTINUAÇÃO)

IV	Estar "sempre alerta"	Edificar (Efésios 4.29) Ministrar graça (Efésios 4.29) Enaltecer, não humilhar Lidar abertamente com os problemas Amar (1Coríntios 13.1; João 4.16) Sujeitar-se uns aos outros (Efésios 5.21) Aceitar (Lucas 10.27; Efésios 5.25) Ter empatia Confiar e revelar Compreender Concentrar-se no presente — esquecer o passado (Filipenses 3.13) Colaborar Perdoar (Efésios 4.31,32)	Você tem tanto valor quanto eu Voz: diálogo harmonioso, aberto, agradável, franco Corpo: generoso e receptivo Diálogo aberto/livre Autoexibição espontânea Valoriza o "eu" e os outros Toma conta da própria vida (com ajuda de Deus) Atento às habilidades e necessidades dos outros

Capítulo 8

O segredo do Universo

Lucas 6.38 diz: "Deem, e lhes será dado: uma boa medida, calcada, sacudida e transbordante será dada a vocês. Pois a medida que usarem também será usada para medir vocês".

Isso se chama *segredo do Universo* — a capacidade de *dar* e *receber*.

O corpo humano inspira e expira o ar. As marés vêm e vão. As plantas absorvem dióxido de carbono e expelem oxigênio. Quando pensamos nisso, vemos que a vida inteira gira em torno de dar e receber (v. diagramas IV e V p. 202-204).

Dar, receber

Um físico chamado Adam veio a meu consultório em busca de aconselhamento. Depois de ouvir seus problemas, apresentei-lhe o conceito de "dar, receber". Sua reação foi imediata e comovente. Mais tarde, ele exclamou: "Foi como se uma lâmpada iluminasse minha cabeça".

Até aquele ponto, Adam sabia que havia alguma coisa errada em sua vida, mas não tinha ideia de como resolvê-la. A vida certamente lhe dava algumas coisas, mas ele estava devolvendo muito pouco — nada muito além de seu salário para sustentar a família. Enquanto conversávamos, ele fez alguns comentários sobre a física, um assunto que conhecia bem. Explicou que tudo que parece inanimado tem vida — tudo no Universo é feito de moléculas, que consistem em átomos construídos de prótons, nêutrons e elétrons. Todos esses componentes individuais da vida interagem em perfeita ordem para manter unido tudo o que existe no Universo — uma cadeira, um carro ou um edifício, tudo em harmonia física.

Partindo dessas informações básicas, extraídas das interações da vida, Adam começou a esforçar-se para dar e também receber. A princípio, foi difícil porque, no passado, ele havia sido ofendido muitas vezes por pessoas que se beneficiaram de sua generosidade. No entanto, ele se deu conta de que seu afastamento da esposa e dos filhos e sua decisão de não se entregar a eles emocionalmente nem passar tempo ao lado deles haviam criado tensões no relacionamento familiar.

A jornada de Adam levou-o a buscar a graça de Jesus para perdoar os que o haviam ofendido no passado. Esse processo lhe deu liberdade para voltar a ser generoso. Quando passou a dar e receber amor, consideração, respeito e aceitação, ele começou a estabelecer um relacionamento significativo e gratificante com a família. Posteriormente, sua esposa comentou que o marido estava mais amoroso e carinhoso e começara a fazer algo que raramente fazia: compartilhar sua vida com ela. Da mesma forma, os filhos disseram que o amavam muito e que estavam felizes por ver o pai voltar a fazer parte da vida deles. Sentiram que eram *tão* importantes — ou mais — que o trabalho do pai.

Para Adam, o tempo, o dinheiro e o esforço que ele empregou para ser um bom marido e pai em Cristo foram mais que compensadores. Acima de tudo, ele louvou e agradeceu a Deus por lhe ter revelado seus erros e o ajudado, por intermédio de Jesus, a pôr sua fé em ação. Adam descobriu que "Deus se opõe aos orgulhosos, mas concede graça aos humildes" (1Pedro 5.5). Graças a Deus por Adam não ter permitido que o orgulho se interpusesse em seu caminho.

Recebendo graça, oferecendo graça

A graça trabalha de maneira semelhante. Deus nos concede sua graça. Nós a recebemos e a oferecemos aos outros. Esse é o segredo do Universo.

DIAGRAMA IV

DAR E RECEBER NOS RELACIONAMENTOS

O que é necessário para ter uma autoestima saudável? O desenho a seguir o ajudará a responder a esta pergunta. Pense nesse tema como se fosse uma roda de bicicleta. Quanto mais fortes forem os raios da roda, mais forte ela será. O mesmo aplica-se ao desenvolvimento de uma autoestima saudável. Quanto mais fortes forem os raios do amor, consideração, e assim por diante, mais forte e mais saudável será sua autoestima.

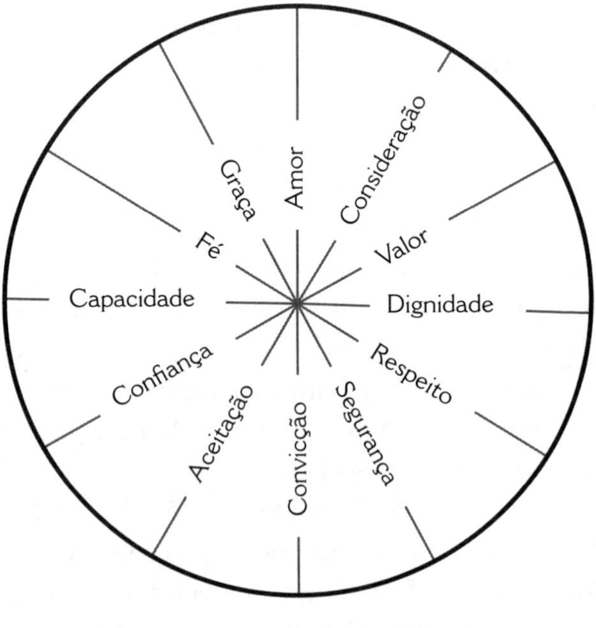

Diagrama IV (continuação)

Faça o exercício a seguir para saber até que ponto sua autoestima é saudável. Em uma escala de 1 a 10 (sendo 1 o mínimo e 10 o máximo) pense em cada raio da bicicleta e tente descobrir qual o grau de influência que ele tem naquilo que você dá (D) e recebe (R) em todos os seus relacionamentos. Faça uma avaliação de si mesmo e depois faça uma avaliação de como você dá e recebe das pessoas em sua vida como marido/esposa, filhos, mãe, pai e outras pessoas.

	"Eu"	**Outros**		**Marido/ Esposa**		**Filhos** (mencione o nome de cada filho)		**Mãe**		**Pai**	
	Agora	D	R	D	R	D	R	D	R	D	R
1. Amor											
2. Consideração											
3. Valor											
4. Dignidade											
5. Respeito											
6. Segurança											
7. Convicção											
8. Aceitação											
9. Confiança											
10. Fé											
11. Capacidade											
12. Graça											

Quando fizer o exercício, pense em alguns princípios espirituais evidentes, tais como:

- Lucas 6.38: "Deem, e lhes será dado: uma boa medida, calcada, sacudida e transbordante será dada a vocês. Pois a medida que usarem também será usada para medir vocês" (O segredo do Universo).
- Atos 20.35: "[...] Há maior felicidade em dar do que em receber".
- Gálatas 6.7: "[...] Pois o que o homem semear, isso também ceifará".
- Mateus 6.21: "Pois onde estiver o seu tesouro, aí também estará o seu coração".

DIAGRAMA V

O "EU" SAUDÁVEL

Examine sua atitude. É uma atitude egoísta ou centralizada no amor? Por exemplo, você diz coisas como: "Se eu fizer isto por você, o que receberei em troca?"? A Bíblia diz que "Deus é amor" (1João 4.8). Se o amor de Deus estiver realmente em você, você será capaz de oferecê-lo aos outros; mas você não pode dar amor se não tiver esse tesouro no coração. Portanto, o bem-estar espiritual é manifestado por meio de um amor-próprio saudável, que, por sua vez, se manifestará no relacionamento com outras pessoas. Veja nossa demonstração nesta roda do "eu":

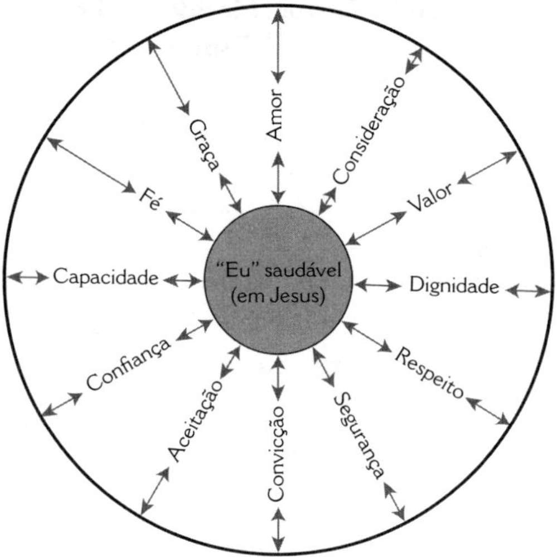

A roda do "eu" saudável pode ser entendida melhor desta maneira: a roda com aros só é forte quando os aros são fortes e robustos. O "eu" pode ser saudável e generoso se os raios do amor, consideração, valor etc. forem vitais, vivos e abastecerem o "eu". Em outras palavras, pense no "eu" como se fosse o coração, e as artérias do coração como se fossem amor, consideração, valor etc. Quanto mais saudáveis forem as artérias, mais saudável será o coração. Se estiverem obstruídas ou endurecidas, as artérias prejudicarão o coração. Da mesma forma, quanto mais saudáveis forem as artérias do amor, consideração, valor etc., mais saudável será o "eu".

Se as artérias do amor etc. estiverem obstruídas por mágoa, rejeição, ira, e assim por diante, precisaremos que a graça seja administrada em nós, por intermédio de Jesus, para curar aquela artéria, de modo que ela volte a exercer sua função por meio do ato de dar e receber. Dessa maneira, o segredo do Universo é ativado.

"Deem, e lhes será dado: uma boa medida, calcada, sacudida e transbordante será dada a vocês. Pois a medida que usarem também será usada para medir vocês" (Lucas 6.38).

Jesus deseja que sejamos um com ele e com o Pai. Deseja que o amemos e amemos uns aos outros. Deseja que recebamos sua graça e, por meio dele, a ofereçamos aos outros.

Contudo, muitas pessoas que necessitam de cura continuam a dizer "não" a Jesus e à sua graça. A graça a nós concedida para a salvação da nossa alma da morte eterna e do julgamento é a mesma graça capaz de preservar nossa família e todos os relacionamentos que tanto prezamos. Precisamos aprender a andar nessa graça, a apropriar-nos da graça que a nós está disponível em nossas interações diárias. Paulo disse a Timóteo: "Portanto, você, meu filho, fortifique-se na graça que há em Cristo Jesus" (2Timóteo 2.1).

O que o está impedindo de receber e oferecer graça?

Para começar, reconheça que você necessita dessa graça — só assim poderá recebê-la; a graça é uma dádiva de perdão, amor, misericórdia, um favor imerecido de Deus por meio de Jesus Cristo. Agora, como nova criação em Cristo, você poderá oferecer, por meio de Jesus, aquilo que recebeu — graça (v. 2Coríntios 12.9). O próximo passo será oferecer essa graça aos outros, mas será difícil oferecê-la se você relutar em recebê-la. Só podemos oferecer aquilo que recebemos.

Esperamos que, neste capítulo, você participe conosco do processo de receber e oferecer graça, também conhecida como *perdão*.

O processo de receber e dar

Antes de entrar no processo de perdoar, é importante calcular os custos. "Consertar" relacionamentos de qualquer tipo é uma tarefa complexa. Para montar uma empresa de construção de casas, é preciso calcular o custo de cada item necessário para alcançar o objetivo: construir casas.

Esses custos incluem autorização para funcionamento, honorários advocatícios, financiamento, contratação de empreiteiros, local de instalação da empresa, e assim por diante. Infelizmente, no caso dos relacionamentos, a tarefa não é assim tão simples e lógica. A comunicação é complexa!

Brad foi um adolescente problemático. O nome de seu pai era Roy, e o da madrasta, Alice. Brad tinha pouco relacionamento com os pais; apenas morava com eles. Não havia diálogo, e o relacionamento entre eles era tenso demais, quase a ponto de romper-se. Alguma coisa teria de ser feita. Essa história é familiar a você?

Apesar de sua atitude desrespeitosa com os pais, Brad queria ter um relacionamento mais significativo com eles. Roy e Alice também desejavam o mesmo, mas eram rígidos e autoritários na educação do filho. Embora fossem cristãos, eles careciam da graça de Deus nessa área. Quando nossa fé em Deus se torna "religiosa", criando regras e regulamentos a serem seguidos à risca, raramente encontramos graça ou conforto em nosso relacionamento com ele ou com outras pessoas. Esforçamo-nos constantemente para ser bons aos olhos de Deus e sempre achamos que não alcançamos os padrões ideais. Em vez de andar em graça, sucumbimos a uma religião baseada em obras, concentrando-nos cada vez mais em nossos erros e nos defeitos dos outros. Precisamos lembrar que Jesus veio ao mundo para trazer graça e destruir as obras do inimigo — e a religião na qual não existe graça é um dos maiores engodos do Diabo.

Jesus demonstrou menosprezo pela religião e por seus líderes porque eles punham as regras e os regulamentos acima das necessidades do povo. Ao contrário, Jesus deu prioridade a seu relacionamento com o Pai e pôs as necessidades do povo acima do legalismo criado por homens (v. Mateus 12.1-14; 20.28).

Brad nunca se sentiu à altura das expectativas legalistas dos pais.

Ele fumava? Não.

Bebia? Não.

Consumia drogas? Não.

Usava linguagem obscena? Não.

Mesmo assim, os pais não enxergavam os aspectos positivos do filho porque não olhavam para ele por meio dos olhos da graça — olhavam para ele por meio dos olhos do perfeccionismo e da religião. E encontraram o que procuravam: imperfeições. Lembre-se: encontramos o que procuramos e temos a tendência de aumentar o que encontramos. Se procurarmos defeitos, fraquezas, erros e pecados em uma pessoa, por certo os encontraremos.

Incentivei os pais de Brad a procurar e a identificar os aspectos positivos do filho. Quando fizeram isso, o relacionamento entre eles melhorou. Roy e Alice começaram a olhar para Brad com os olhos da graça, a ouvi-lo com os ouvidos da graça, a falar com ele com a linguagem da graça e a relacionar-se com ele com o coração da graça. Perdoaram-lhe as ações negativas. A graça procura o que é bom, os aspectos positivos, o potencial. A graça alimenta o perdão.

Os pais deram o primeiro passo para um novo relacionamento. Ofereceram graça; cabia a Brad reagir da mesma forma e oferecer aos pais a graça que eles necessitavam do filho.

Brad notou a diferença em Roy e Alice, mas continuou a sentir raiva deles. O "eu" interpôs-se no seu caminho. Em vez de concentrar-se nos acontecimentos do presente, Brad concentrou-se em si mesmo e no passado. Às vezes, ele se indignava com Alice porque continuava a nutrir um desejo fantasioso de ver o pai reconciliar-se com sua mãe biológica. Essa atitude criou problemas entre Alice e Roy, e o círculo vicioso continuou.

Finalmente, Brad começou a ver que o problema estava em *sua raiva*. Ao analisar sua vida, ficou claro para ele que a origem dessa raiva encontrava-se no divórcio dos pais. Essa é uma razão comum para o ódio demonstrado pelos filhos de lares destruídos. O divórcio é um problema!

Quando começou a ver a graça como um dom do amor e perdão incondicionais de Deus (v. diagrama VI, p. 210), Brad começou também a perdoar (um ato volitivo) seus pais biológicos, bem como a madrasta. Passou a concentrar-se nesta expressão da oração do Senhor: "Perdoa as nossas dívidas, assim como perdoamos aos nossos devedores" (Mateus 6.12). Brad entendeu que, para ser perdoado, precisaria perdoar. Ele ofereceu graça, da mesma forma que estava recebendo graça dos pais.

O resultado? Brad pôs Efésios 4.32 em prática e tornou-se mais carinhoso com a madrasta. Perdoou os pais e passou a ter mais respeito por eles. Aceitou o divórcio e o novo casamento do pai com Alice e estendeu graça a todos. Que tipo de relacionamento o ato de dar e receber graça criou? Criou perdão mútuo, entendimento, respeito, consideração, amor, carinho e diálogo. Criou um ambiente de harmonia, um ambiente com menos estresse e tensão.

O processo dos "agentes da reconciliação"

Sharon levou sua mãe, Linda, de 83 anos, a meu consultório para aconselhamento. Linda estava deprimida demais e queria morrer. Emagrecera e havia contraído várias enfermidades, mas a mãe e a filha não conseguiam descobrir a origem do problema físico. Enquanto conversávamos, constatamos que a raiz amarga da falta de perdão estava se desenvolvendo dentro dela e consumindo-a fisicamente. Linda havia sido ofendida por muitas pessoas na vida; pessoas a quem ela nunca perdoara de verdade, e não sabia se queria lidar com toda aquela mágoa.

Eu (Larry) decidi orientar Linda e Sharon a seguirem este processo. Pedi-lhes que pensassem com muito cuidado a respeito do perdão e orassem por ele, porque as pessoas têm a tendência de oferecer um tipo pseudointelectual de perdão, sem nunca ter lidado com a mágoa, o sofrimento, a rejeição e a raiva. Só depois disso é que o perdão verdadeiro — o mesmo perdão que recebemos de Deus — poderá ser oferecido.

Dou a isso o nome de "Agentes da reconciliação", um plano que, a meu ver, vem do Espírito Santo:

1. Reconhecer que somos nova criação em Cristo; as coisas antigas já passaram (incluindo a mágoa, o sofrimento e as rejeições do passado) e que surgiram coisas novas quando perdoamos da mesma forma que fomos perdoados (v. 2Coríntios 5.17).
2. Por meio de Jesus, o Senhor de nossa vida (no passado, presente e futuro), podemos perdoar as mágoas, os sofrimentos e as rejeições mais profundas que sofremos (v. Gálatas 2.20).
3. Conforme 2Coríntios 5.18 afirma, podemos nos reconciliar com Deus, o Pai. Ele nos perdoa por meio da graça. Deixamos de ter uma religião e passamos a ter um relacionamento com o Pai, mediante Jesus Cristo.
4. Agora, tendo Jesus como Senhor, podemos oferecer o mesmo dom que ele nos concedeu — graça, o dom do amor e do perdão incondicionais (v. Mateus 20.28; Efésios 2.8).

Diagrama VI

AGENTES DA RECONCILIAÇÃO

2Coríntios 5.17,18	2Coríntios 12.9
Efésios 2.4-8	Filipenses 3.13,14

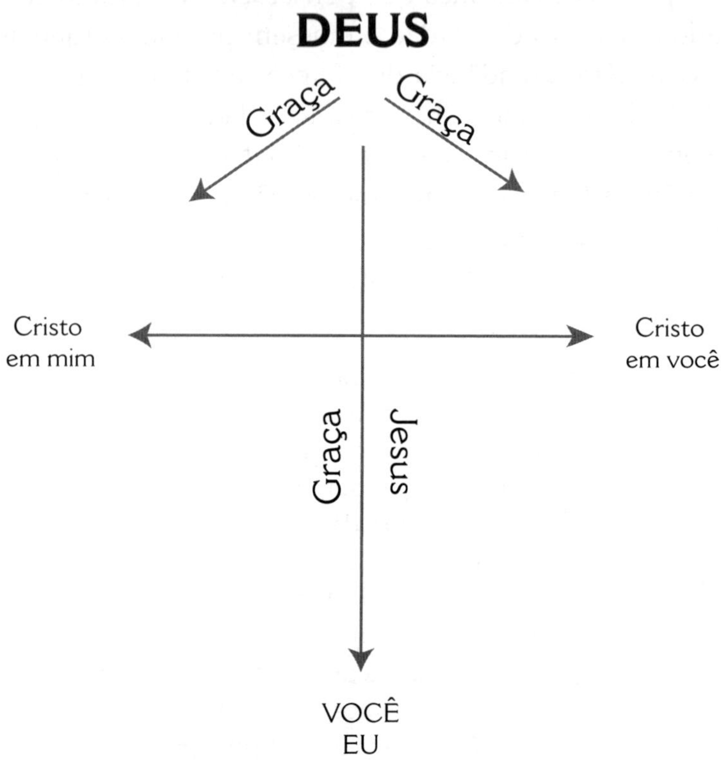

"GRAÇA" é um DOM de

Amor	e	**Perdão**
1João 4.7-18		Mateus 6.12-15
1Coríntios 13		Marcos 11.22-26
João 15.1-12		Efésios 4.26-32

O dom da graça não é um presente que deva ser guardado e esquecido; é um presente pelo qual devemos ter grande estima. Quando oferecemos essa graça uns aos outros, recebemos cura do passado e liberdade para apreciar o futuro. Isso pode tornar-se realidade em todos estes tipos de relacionamento:

- De cônjuge para cônjuge
- De divorciado(a) para divorciada(o)
- De pai para filho
- De filho para pai
- De irmão para irmão
- De amigo para amigo
- De vítima para agressor (v. Filipenses 3.13)

Não importa se a pessoa que devemos perdoar esteja viva ou morta; por meio de Jesus, podemos perdoar tantas pessoas quantas forem necessárias! Somente nos libertaremos do passado quando conseguirmos perdoar quem quer que seja que nos tenha ofendido ou tenha pecado contra nós.

Em seu livro *The Gift of Forgiveness* [A dádiva do perdão], (v. diagrama VII, p. 212), o dr. Charles Stanley apresenta um processo maravilhoso e prático para receber e oferecer perdão:[41]

Um coração novo

Não é maravilhoso saber que as palavras proferidas por Deus em Ezequiel 36.26 também se aplicam a você? "Darei a vocês um coração novo e porei um espírito novo em vocês; tirarei de vocês o coração de pedra e lhes darei um coração de carne". Isso se chama fé cristã em ação: não apenas receber o dom da graça de Deus, mas também oferecê-lo.

---

[41] Nashville, TN: Thomas Nelson Publishers, 1991, apêndice B, p. 173-175.

DIAGRAMA VII
PASSOS PARA PERDOAR OS OUTROS

1. Entenda que perdoar não é:
   - Justificar, compreender ou explicar por que a pessoa agiu daquela forma com você.
   - Esquecer a ofensa e confiar que o tempo cuidará de tudo.
   - Pedir a Deus que perdoe a pessoa que o ofendeu.
   - Pedir a Deus que perdoe você por estar irado ou ressentido com a pessoa que o ofendeu.
   - Negar que você está realmente ofendido; afinal, há outras pessoas cujo sofrimento é maior.
2. Entenda que, em geral, é imprudente perdoar frente a frente. Isso tende a fazer a outra pessoa sentir-se "humilhada" e fazer você aparentar ser "mais santo do que ela".
3. Escolha a ocasião e o local onde você possa estar a sós por alguns momentos.
4. Ore e peça ao Espírito Santo que traga à sua mente todas as pessoas que você precisa perdoar e os fatos que as levaram a ofender você.
5. Faça uma lista de tudo o que o Espírito Santo trouxer à sua mente, mesmo que essas coisas pareçam banais. (Faça isto com muita calma — dê ao Espírito Santo todo o tempo de que ele necessita para falar a você.)
6. Pegue duas cadeiras e coloque-as uma de frente para a outra. Sente-se em uma delas.
7. Faça de conta que a primeira pessoa de sua lista está sentada na outra cadeira. Lembre-se de tudo o que ela fez para ofender você e diga isso em voz alta. Não reprima as lágrimas ou as emoções que acompanharem as confissões.
8. Decida, por um ato de vontade própria, perdoar aquela pessoa de uma vez por todas. Talvez você sinta que não a está perdoando. É normal. Faça isso, e os sentimentos virão a seguir. Deus tomará conta do resto. Creia que aquilo que você fez é real e válido.
9. Libere a pessoa da dívida que, a seu ver, ela tem com você por o ter ofendido. Diga: "Você está livre e perdoado".

DIAGRAMA VII (CONTINUAÇÃO)

10. Se a pessoa ainda fizer parte de sua vida, o momento é apropriado para começar a aceitá-la, sem querer mudar os aspectos da personalidade ou o comportamento dela.
11. Agradeça ao Senhor por ter usado cada pessoa como ferramenta em sua vida para aprofundar seu discernimento sobre sua graça e por moldar você à imagem de seu Filho.
12. Ore. Esta é a oração sugerida para você fazer enquanto "conversa" com a outra pessoa: *Fui perdoado e aceito por Cristo, por isso posso agora perdoar e aceitar você, __________, incondicionalmente em Cristo. Decidi agora perdoar você por tudo que me fez. Eu o libero das ofensas* [cite cada uma], *e você não é mais responsável por elas. Você está livre.*
13. Quando terminar de repetir as mágoas que você sofreu, faça esta oração de fé: *Senhor Jesus, pela fé eu recebo teu amor e aceitação incondicionais em lugar desta ofensa e confio que atenderás a todas as minhas necessidades. Eu assumo autoridade sobre o inimigo e, em nome de Jesus, me aposso novamente do terreno de que, por minha permissão, Satanás se apropriou em minha vida por causa de minha atitude em relação a _________. Neste instante, devolvo o terreno ao Senhor Jesus Cristo, a quem ele pertence por direito.*

Tudo isso será possível por meio de Cristo em você, e, a partir de agora, ele é seu Senhor e Salvador. Você foi feito nova criação por meio de Jesus Cristo, e a graça que recebeu por meio dele poderá ser oferecida aos outros. Agora você está livre para ser "bondoso e compassivo para com os outros [não irado], de coração terno [não de coração endurecido por causa da ira], perdoando os outros como Jesus o perdoou" (Efésios 4.32, *AMP*, tradução livre).

A oração do Pai-nosso permite-nos compreender o dom da graça de modo muito claro: "Perdoa as nossas dívidas, assim como perdoamos aos nossos devedores" (Mateus 6.12). Jesus explicou esta frase aos discípulos para que eles e nós a entendêssemos claramente: "Pois se perdoarem as ofensas uns dos outros, o Pai celestial também lhes perdoará. Mas se não perdoarem uns aos outros, o Pai celestial não lhes perdoará as ofensas" (v. 14,15). Jesus deixa claro que o Pai não quer ver seus filhos presos na casa construída por Satanás, presos na armadilha da raiva, da amargura, do ressentimento e da falta de perdão. Nosso Pai sabe que essas emoções terão efeito negativo e duradouro em nossa vida e em nossos relacionamentos; esse efeito, por sua vez, anulará sua graça e seu testemunho em nós até o ponto de afastar as pessoas de Cristo.

Na parábola dos talentos, Jesus descreve como o dono daqueles empregados distribui talentos a todos: pouco para alguns, muito para outros. Na história, aquele homem censurou o servo que enterrou seu talento em vez de usá-lo (v. Mateus 25.14-30). O resultado? O único talento do servo negligente foi dado àquele que tinha maior quantidade, ao servo que duplicou os talentos que recebera. O Pai espera que não enterremos o talento da graça que ele nos deu, mas ofereçamos essa graça gratuitamente, da mesma forma que nós a recebemos. Quando Jesus voltar, o que ele procurará em nós como Corpo e Noiva de Cristo? Com certeza, desejará saber como multiplicamos o dom da graça que ele nos deu.

Quando Sharon e Linda retornaram para uma segunda sessão, ambas haviam pensado muito nesse processo de receber/oferecer graça e orado pelas mudanças por que estavam tentando passar. Linda estava perto de lidar com o sofrimento do passado e, nas semanas seguintes, perdoou várias pessoas que a haviam ofendido muito. Apesar de Linda não estar disposta a rever comigo os detalhes de suas ofensas e rejeições, com a ajuda de Jesus ela conseguiu fazer isso.

Linda conseguiu oferecer graça e perdão, e Sharon também se convenceu da necessidade de perdoar várias pessoas em sua vida. Sharon e Linda mencionaram estar sentindo uma paz e alegria que nunca haviam sentido. Linda, a mulher que perdera todo o interesse pela vida e queria morrer, agora tinha um sorriso no rosto. Já se alimentava melhor e, acima de tudo, estava aceitando a nova vida que Cristo lhe dera. O peso da raiva, da amargura e do ressentimento lhe foi retirado dos ombros e entregue ao Senhor. Ela estava livre para desfrutar a vida e louvar a Jesus por tê-la libertado daquele peso.

A "lista"

Eu (Larry) cresci em Springfield, Illinois, na década de 1930, durante a Depressão. Foi um tempo extremamente difícil para muitas pessoas, principalmente para nossa família. Meu pai morreu quando eu estava com 4 anos — eu tinha oito irmãos e irmãs mais velhos, e somente minha irmã mais nova ainda morava conosco.

Apesar da carga pesada carregada por mamãe, sempre que eu enfrentava um problema, ela me incentivava: "Você é capaz de fazer isto, filho, você é capaz". O incentivo ajudou-me na época, mas também colaborou para que meu ego se tornasse tão grande quanto o Texas, e ele se interpôs no caminho de Cristo, impedindo-o de ser o Senhor de minha vida. Nem sempre nos conscientizamos dos estresses e tensões sutis da vida que produzem decepção, medo, rejeição ou, em meu caso, perfeccionismo e a necessidade de agradar às pessoas, mas esses estresses e tensões podem causar impacto em nosso subconsciente. As afirmações exageradas de mamãe a meu respeito foram o primeiro fator da "lista".

Quando papai morreu, não havia nenhum dinheiro de seguro a receber; portanto, além do trauma emocional de perder nosso pai, a pressão financeira na casa era incrível. Mamãe conseguiu um emprego de 15 dólares por mês. O valor da prestação da casa era de 25 dólares por mês, de modo que, todos nós tivemos de encontrar meios de ganhar dinheiro. Naquela época, encontrar um meio de ganhar dinheiro significava ser entregador de jornal, embora eu tivesse apenas 4 anos. O fracasso de papai em ter deixado a família à míngua encontrou um lugar na "lista".

Enquanto o tempo passava e continuávamos a lutar para sobreviver, conheci um rapaz mais velho, chamado Clement. Clement tinha 16 anos e ainda cursava a sexta série. Cresceu em um lar no qual era surrado e rejeitado pelo pai. Ele se transformou em um jovem robusto que sabia lutar. Sua independência e descaso pela rotina levaram-no a abandonar a escola aos 16 anos para viver por conta própria. Tornamo-nos amigos, e atribuí a Clement a função de ser meu guarda-costas. Apesar de Clement ser o valentão da vizinhança, eu lhe estendi graça, e ele reagiu da mesma forma ao tornar-se meu protetor.

Um dia, Clement envolveu-se em problemas com a lei e foi preso por homicídio não premeditado. Seu gênio forte e sua raiva reprimida brotaram de seu ressentimento contra o pai. Ele nunca o perdoou e teve de pagar um preço alto por isso. É o que ocorre com quem deixa de lidar com a raiva.

Só voltei a ver Clement vinte anos depois, em uma reunião na escola. Ao avistar um homenzarrão correndo em minha direção, eu não sabia se deveria correr e me esconder ou abraçá-lo! Quando ele se aproximou, vi que a figura enorme era Clement. Meu antigo guarda-costas me deu um abraço tão forte que quase me quebrou as costelas.

— Larry, que bom ver você novamente — Clement gritou, agarrando-se a mim como se fosse um grande ímã no aço.

— Igualmente — respondi, sem poder respirar.

Enquanto pensava naquela reunião, eu me dei conta do grande impacto que a graça teve sobre aquele rapaz problemático de quem fui amigo.

Tive muitas figuras de pai. Um foi o diretor do ensino fundamental, que me molestou sexualmente quando eu tinha cerca de 8 anos. Por um milagre, aquele evento não destruiu minha vida; ao contrário, levou-me a buscar o amor de Deus em Cristo. Tornou-se mais uma oportunidade para eu me apropriar da graça e do perdão e oferecê-los a um explorador sexual e pedófilo — mas o diretor passou a fazer parte da "lista". Às vezes, os tempos de provação e estresse provocam raiva, amargura e ressentimento, principalmente quando a pessoa nos usa ou nos molesta sexualmente.

Quando completei 13 anos, passei a trabalhar com um homem chamado Tom, que dirigia um negócio de ar condicionado e aquecedores [HAC, sigla em inglês]. Fui contratado para trabalhar em regime de meio expediente e encontrar possíveis clientes, cujos nomes seriam passados aos vendedores. Eu estava tão ansioso para agradar e ser bem-sucedido que, entre os 13 e 18 anos de idade, bati nas portas de 37 comunidades. Quando meu cunhado (que também trabalhava na empresa) morreu, assumi o lugar dele como gerente de vendas e recebi treinamento na Williamson Heating and Air Conditioning School. Eu era o aluno mais jovem da escola, e o pessoal da Williamson sempre demonstrou muito interesse por meu trabalho.

Esse interesse constante foi surpreendente, considerando a perseguição que eu sofria na HAC. Tom, meu supervisor na HAC, era um homem problemático em vários sentidos. Era oportunista, adúltero, farrista e beberrão — e este último hábito lhe custou uma morte precoce e a pecha de autoenganador, violento e desrespeitador.

Para compensar suas deficiências, Tom queria projetar-se à custa de seu gerente de vendas — eu. Quando eu vendia 50 mil dólares por mês, Tom queria que eu vendesse 75 mil. Quando eu vendia 100 mil, Tom queria mais. Um dia, após uma dessas exigências ridículas de Tom, eu explodi. Já havia tolerado violência, críticas, perseguição e desmoralização suficientes. Gritei e cheguei a chorar — *eu*, o Larry pequenino, o Larry de grandes façanhas, o Larry que agradava a todos, o Larry que nunca disse uma grosseria sobre ninguém. Curiosamente, minha explosão provocou uma reviravolta no comportamento de Tom, ele recuou e começou a aceitar-me e a respeitar-me.

Tom, no entanto, tinha me prejudicado; por isso, foi também incluído na "lista".

Aos 19 anos, eu trabalhava em um ministério para 2.500 jovens de um bairro de pessoas de baixa renda e trabalhava em regime de meio expediente na HAC, além de estudar na faculdade — fui o primeiro da família a alcançar aquele objetivo. Por ser o caçula da família, eu era um grande vencedor, apesar de ter um irmão que trabalhava em uma rede de mercearias e era considerado rico por minha família. Quando ficou claro para meus irmãos que eu queria ingressar no ministério e cursar a faculdade, eles me pressionaram para tomar conta de minha mãe. Essa pressão foi aumentando à medida que mamãe envelhecia. Embora eu tivesse quatro irmãs e um irmão (e nenhum deles estivesse fazendo malabarismo para trabalhar e estudar), fui incumbido de cuidar de nossa mãe.

Aquilo me causou indignação, e a raiva ferveu dentro de mim durante uma conversa com meu irmão. Estávamos discutindo a situação de mamãe, e meu irmão mostrou-se distante e indiferente a minhas preocupações de cursar a faculdade, ingressar no ministério e cuidar de nossa mãe. Agiu como se o problema não fosse dele, e fiquei furioso por meu irmão ter tão pouca consideração por nossa mãe. Quase chegamos a nos esmurrar, mas a graça de Deus permitiu que eu não chegasse a esse ponto.

Meu irmão e minhas irmãs foram incluídos na "lista".

Conheci Kim e casei-me com ela pouco tempo depois. Continuei a trabalhar, a estudar e a exercer a função de pastor. Evidentemente, isso provocou uma consequência antecipada em nosso relacionamento. Kim sentia-se terrivelmente sozinha e procurava a companhia de homens, muitos homens, de todas as raças e condições socioeconômicas. Aceitava qualquer um que estivesse disponível. Também sofria de doença mental, incluindo depressão e esquizofrenia, que acarretavam episódios psicóticos agudos.

Só depois de cinco ou seis anos de casado, foi que descobri o inevitável: encontrei Kim na cama com um de seus conselheiros. Posteriormente, ela engravidou de outro homem com quem mantinha uma relação adúltera.

Aceitei Janette, o bebê de Kim, como minha filha, mas o casamento não tinha condições de ir adiante. Quando Janette estava com 1 ano, Kim e eu demos entrada ao processo de divórcio. Entreguei Janette a seu pai para que ele a criasse.

Kim magoou-me profundamente, mais que qualquer outro ser humano que enfrentei na vida. Achava que ia morrer e que nunca mais voltaria a amar outra pessoa. Minha ex-esposa passou a ocupar o primeiro lugar da "lista".

Um ano depois, conheci Carol, a alegria de minha vida até hoje. Uma série de "coincidências" aproximou-nos um do outro. (Essa é outra história!) Por volta daquela época, fiquei sabendo que Tom, meu antigo supervisor na HAC, estava morrendo no hospital, vítima de doenças relacionadas ao alcoolismo. Ele queria me ver.

O ano era 1962, e eu estava na escola de graduação na Universidade Washington, em St. Louis, estudando para receber o grau de mestrado em assistência social. A última coisa que me passava pela mente era dirigir um carro até Illinois para visitar um ex-chefe que me havia maltratado por tantos anos. Mas parti trinta minutos depois de receber o telefonema.

Quando entrei no quarto do hospital, Tom tentou sentar-se na cama e dar-me um abraço.

— Não se levante, Tom. Vejo que você está sofrendo muito.

— Larry, eu quero fazer isso. Aproxime-se, por favor. — Enquanto nos abraçávamos, lágrimas rolaram pelo rosto de Tom.

— Larry, estou muito feliz por você ter vindo. Você oraria comigo? Quero aceitar Jesus. — Fizemos a oração do pecador, e Tom morreu imediatamente.

Ele deixou de fazer parte da "lista".

Apesar de conscientemente sentir que nunca tive rancor de ninguém da "lista", eu sabia, no subconsciente, que havia pessoas em minha vida que eu precisava perdoar, se quisesse libertar-me da raiva, da amargura e do ressentimento. Mesmo depois de muitos anos de pesquisas e de ajudar outras pessoas a encontrar graça, foi somente durante a preparação deste livro que entendi por que eu precisava oferecer e receber graça.

Tive de perdoar minha mãe por ter sido superprotetora; meu pai, por morrer e deixar-me sozinho; meu irmão e irmãs, por sua falta de consideração clamorosa pelo bem-estar de minha mãe; o diretor da escola de ensino fundamental, por ter me molestado sexualmente; Tom, por se ter aproveitado de mim; e, acima de tudo, minha ex-esposa, por ter me enganado.

A graça perdoa quando nos sentimos abandonados, violentados, agredidos verbalmente, perseguidos, desprezados, usados pelos outros e enganados. Quando um homem não tem nada mais que lhe reste, nada a que se agarrar, quando ele se destruiu por dentro e por fora e provocou uma desordem na vida de pessoas queridas e amigos, há sempre alguém a quem ele pode clamar. A graça responderá quando o clamor for feito. A graça prevalecerá. Esta foi a minha oração:

Senhor Jesus, foste o único a me conceder graça quando eu era pecador. Senhor, tu morreste para que eu pudesse viver. Carregaste todos os meus pecados em teus ombros e me ofereceste toda a tua justiça perante o Pai.

Não fiz nada para receber tua graça e teu perdão. Tudo o que consegui fazer foi dizer "sim" a ti. Ouvi tua voz me chamando para sair e andar contigo. Foste buscar-me quando eu ainda era uma pessoa egoísta, feia, indigna de tudo. Em meio a minhas buscas de fama e glória, riquezas e prazer, tu me escolheste.

Tu me escolheste. Não havia nada em mim que fosse de valor para qualquer pessoa, muito menos para o Deus Altíssimo do Universo, o único Deus verdadeiro, o justo juiz, o grande EU SOU, aquele que é, que foi e será, aquele que se assenta na luz inacessível, o pão da vida, a fonte de água viva, o bom pastor e, acima de tudo, meu Senhor e Salvador.

Tu me salvaste de meus pecados.

Tu me libertaste da prisão de meus vícios.

Tu me libertaste da ira e da luxúria.

Tu me ajudaste a perdoar a mim mesmo, perdoar a minha esposa, a minha família e outras pessoas, Senhor.

Eu recebi tua graça e agora também posso oferecê-la.

Capítulo 9

Construindo pontes de reconciliação

Michigan é um estado com características ímpares em nosso país. Além de ter um dos melhores times de hóquei no gelo, o Detroit Red Wings, e a maior concentração de água doce do mundo inteiro, o estado de Michigan está dividido em duas áreas distintas. A área inferior é conhecida como Península inferior (LP, sigla em inglês), e a área superior é conhecida como Península superior (UP, sigla em inglês). Há uma separação física e cultural entre os dois grupos de pessoas.

Muitos habitantes da UP acham que os da LP não entendem suas necessidades ou seus valores essenciais. A UP é diferente da LP de várias maneiras. É uma área pouco populosa e muito rural, com cachoeiras, colinas, dunas e beleza natural tranquila. A UP tem pouco a ver com industrialização, com exceção de alguns minérios extraídos nessa área. No século XX, a UP fez várias tentativas de separar-se de Michigan. (A ideia fracassou.)

O povo costumava trafegar entre a UP e a LP por balsa até o dia que foi construída a ponte ao longo do estreito de Mackinac (pronuncia-se mækinó). A ideia de construir a ponte começou na década de 1880. Naquela época, o proprietário de uma loja em St. Ignace publicou um anúncio no jornal que mostrava o desenho feito por um artista da ponte do Brooklyn com a legenda "Proposta da ponte a ser construída no estreito de Mackinac".

Em 1934, a legislatura de Michigan criou a Autoridade da Ponte do Estreito Mackinac para estudar sua viabilidade e autorizou-a a vender títulos para a execução do projeto. Os planos preliminares para a ponte incluíam uma pista de rolamento com três faixas, uma via férrea passando sob a pista de rolamento e uma configuração de ponte de suspensão dupla, sustentada por cabos ancorados, semelhante ao projeto da Ponte da Baía San Francisco-Oakland. De 1939 a 1941, uma pista elevada de aproximadamente 1.200 metros foi construída com fragmentos de concreto, iniciando na praia do norte. Em razão de insuficiência de fundos e do início da Segunda Guerra Mundial, a construção foi adiada. Em 1950, engenheiros retomaram a construção, e, em 30 de abril de 1952, a legislatura do estado autorizou a venda de 85 milhões de dólares em debêntures.

Em janeiro de 1953, David B. Steinman foi nomeado para ser o engenheiro projetista, e a American Bridge Division of United States Steel Corporation assinou um contrato de mais de 44 milhões de dólares como concessionária para construir a superestrutura de aço. Em 1º de novembro de 1957, depois de dois anos e meio de construção e a perda de cinco vidas, a ponte foi finalmente aberta ao tráfego. A inauguração oficial ocorreu em 25 de junho de 1958. A ponte tem aproximadamente 8 quilômetros de extensão, sendo assim a terceira mais longa nos Estados Unidos. Quarenta anos após a inauguração, foi comemorada a centésima milionésima travessia.

Para a maioria das pessoas, a construção dessa ponte é considerada uma proeza da engenharia moderna. Entretanto, por trás da construção estava a *necessidade*: a necessidade de ligar duas culturas e duas áreas de terra, para expandir e melhorar a prosperidade econômica, unindo as pessoas.

A ponte apareceu ali de repente? Não.

Como começou? Com uma visão, com uma imagem na mente de pessoas com capacidade de "ver" como a ponte seria e como mudaria a vida de todas as pessoas que sentiriam os efeitos de sua construção. Quando ficou claro que as balsas eram muito caras e ineficientes para atingir os objetivos de ligar os dois lados, a ponte passou a ocupar o primeiro lugar na mente de todos. Os meios antigos de transporte não estavam funcionando. Alguma coisa nova precisaria surgir.

Foi barato? Não.

Foi fácil de construir? Não.

Vidas humanas foram postas em risco? Sim.

Valeram a pena o custo, as dificuldades, as vidas perdidas, a necessidade de anos de trabalho e empenho para pôr a ponte em funcionamento? Para a maioria das pessoas que dependem da ponte, a resposta foi um sonoro *sim*.

Calculando o preço

Assim como a construção de pontes suspensas sobre grandes volumes de água, há necessidade de tempo, dinheiro e risco para construir pontes da graça restauradora entre pessoas afastadas umas das outras. Muitas dessas pessoas talvez achem que o custo para construir uma ponte com esse objetivo é muito alto. Elas podem imaginar: "Isso poderia custar-me tempo ou orgulho. Eu teria de pedir desculpas. E se a pessoa a quem estou tentando estender minha ponte de amor e graça rir ou zombar de mim, recusar minha oferta — ou, pior ainda, simplesmente não me der atenção?".

Jesus diz que precisamos calcular o preço do discipulado (v. Lucas 14.28). A construção de pontes de amor e graça capazes de restaurar relacionamentos é, provavelmente, um dos preços mais significantes para alguém que queira ser discípulo de Jesus. Cristo ensinou que os relacionamentos reconciliados são mais importantes para Deus que qualquer oferta apresentada diante dele: "Portanto, se você estiver apresentando sua oferta diante do altar e ali se lembrar de que seu irmão tem algo contra você, deixe sua oferta ali, diante do altar, e vá primeiro reconciliar-se com seu irmão; depois volte e apresente sua oferta" (Mateus 5.23,24).

Por quê? Porque, para Deus, o modo com que tratamos os outros é sinônimo de como o tratamos: "Se alguém afirmar: 'Eu amo a Deus', mas odiar seu irmão, é mentiroso, pois quem não ama seu irmão, a quem vê, não pode amar a Deus, a quem não vê" (1João 4.20).

Construir pontes de amor e graça para reconciliação é o ato mais importante no Reino de Deus. Vamos analisar isso de outra maneira: "Abençoados são vocês, que conseguem mostrar que cooperar é melhor que brigar ou competir. Desse modo, irão descobrir quem vocês realmente são e o lugar que ocupam na família de Deus" (Mateus 5.9, *A Mensagem*).

A *Nova Versão Internacional* diz: "Bem-aventurados os pacificadores, pois serão chamados filhos de Deus". Você é capaz de pensar em um título de maior grandeza que "filhos (ou filhas) de Deus"?

A história de Jennifer

Jennifer era casada com um homem ambicioso, chamado Jordan. Jordan já fora casado várias vezes. Jennifer sabia que Jordan tinha poucos relacionamentos familiares intactos porque, ao longo dos anos, sua personalidade intransigente havia batido de frente com as outras pessoas e as afugentara.

Quando ele recebeu o diagnóstico de câncer no cólon, Jennifer achou que era chegada a hora de construir algumas pontes. Ela começou perguntando:

— Jordan, quando foi que você falou pela última vez com Verônica, sua irmã?

— Ah, faz uns dez anos — ele respondeu.

— Por quê?

Jordan pensou por alguns instantes e respondeu: "Simplesmente não sei, querida".

Sem a intenção de causar-lhe constrangimento, Jennifer continuou a instigá-lo até ele se lembrar da última vez que falou com a irmã:

— Bem — Jordan começou a dizer —, eu lhe forneci um número 0800 para que ela pudesse ligar para mim...

— Prossiga — disse Jennifer rapidamente.

— Está bem. Eu lhe forneci o número para que ela pudesse me telefonar para saber como seu filho, que trabalhava comigo no comércio por atacado, estava indo. Verônica ligou para mim numa terça-feira, e conversei rapidamente com ela porque estava muito ocupado. Você sabe como eu trabalho duro nas terças-feiras. — A essa altura Jordan havia ficado na defensiva.

— Então você forneceu a Verônica um número especial para ela ligar para você. Ela ligou para saber do filho, Billy, e você a despachou como se ela fosse um vendedor qualquer. Foi isso?

Jordan continuou na defensiva e não quis prosseguir a conversa.

Jennifer ligou para Verônica e passou um bom tempo ao telefone com ela, relembrando as mágoas do passado.

— Lembro-me daquela conversa como se fosse hoje — Verônica explicou. — Eu queria saber como Billy estava indo no trabalho, e Jordan tratou-me como se eu não existisse. Eu me senti um lixo, ou pelo menos foi assim que ele me fez sentir. — Ela começou a chorar.

Graças a Jennifer, que agiu como pacificadora e construtora de ponte, a irmã afastada teve a oportunidade de ver o irmão antes que ele morresse.

Jordan admitiu estar errado? Infelizmente, não. Ele era muito orgulhoso para admitir isso — mas, em razão de sua persistência e grande sensibilidade, Jennifer foi capaz de construir uma ponte de amor e graça com a irmã de Jordan, restaurando o relacionamento entre eles. Se tivesse admitido a culpa, Jordan teria sido beneficiado? Sim, sem dúvida. Jordan provocou o afastamento da irmã e nunca lhe pediu perdão, mas aceitou, com certa resistência, conversar com ela antes de morrer.

Caitlyn, filha de Jordan, era uma réplica de seu pai alemão — orgulhosa, inflexível e egoísta. Achava difícil reconciliar-se com os outros; por isso, ninguém gostava de relacionar-se com ela.

Quando soube que o pai estava prestes a morrer de câncer no cólon, Caitlyn aproveitou a oportunidade para escrever-lhe uma carta malcriada, descrevendo os anos de decepção, ira, amargura e ressentimento guardados dentro dela. Jennifer leu a carta antes de Jordan e ficou horrorizada. Em vez de entregar a carta a Jordan, ela escreveu uma carta de seis páginas a Caitlyn, contando que agora seu pai era um homem muito bom. Jennifer achou que a carta cheia de ira, enviada por Caitlyn, embora justificável, não era apropriada em razão da doença terminal de Jordan.

"Seu pai está morrendo. Você tem a oportunidade de abandonar sua ira e seu ódio contra ele e entender que ele gosta muito de você. Não vou permitir que você mantenha esse afastamento com ele porque gosto muito de você e a quero ajudar a enxergar a necessidade de reconciliação antes da morte dele. Você precisa saber que seu pai a ama de todo o coração."

As informações passadas por sua mãe foram úteis. Caitlyn começou a desviar os olhos de si mesma e a entender que sua oportunidade de se reaproximar do pai estava com os dias contados. O tempo estava passando rapidamente, e ela precisava tomar uma decisão ou, então, jamais saberia quanto seu pai a amava.

Pelo fato de ser uma terceira pessoa na história, Jennifer não tinha a responsabilidade direta de tentar reconciliar a filha com o pai. Ela recuou e viu a importância de ter investido tempo e energia em construir aquela ponte de amor e graça. Jennifer foi sensível ao fato de seu marido costumar magoar os outros, mas sabia que, por trás daquela casca, ele queria realmente dizer à sua família quanto a amava — principalmente no momento em que ele estava enfrentando a eternidade. Jennifer deixa um ótimo exemplo no que se refere a construir pontes de amor e graça para reconciliação.

A história de Frank

A esposa de Frank deu-lhe um ultimato: Procure aconselhamento ou vá embora.

Talvez o orgulho de muitos homens não lhes permita aceitar esse tipo de exigência da esposa; mas, pelo fato de amar muito a mulher e os filhos, ele pôs o orgulho de lado e considerou sua exigência como se fosse um chamado para despertar. Frank reagiu imediatamente.

O que levou sua esposa, Katrina, a tal ponto de desespero?

Frank estava fazendo com sua família algo que ele detestava e jamais imaginou fazer. Agredia a família de maneira física e verbal. Ele cresceu sendo surrado violentamente pelo pai, embora isso não fosse desculpa para tal comportamento. Aos 15 anos, Frank não suportou mais: fugiu de casa e nunca mais voltou. Por ser maduro fisicamente, ele conseguiu um emprego e, por meio de trabalho árduo e determinação, conseguiu sustentar-se sozinho. Aquilo que antes ele atribuía à sua capacidade de ter vencido sozinho na vida, agora sabe ter sido a graça de Deus.

Frank estava com 40 anos quando recorreu a mim em busca de aconselhamento. Ele se tornara um homem de negócios bem-sucedido, mas, apesar de todas as suas realizações, estava paralisado pelo seu comportamento violento (e profundamente envergonhado disso). Em razão de sua culpa e aparente incapacidade de controlar a ira, ele pensou em suicidar-se. Ligou para a Focus on the Family,[42] e aconselharam-no a recorrer a mim (Larry) para receber aconselhamento.

Ele concordou, por telefone, em comparecer a três sessões de aconselhamento por semana, embora morasse a cerca de 320 quilômetros de distância. Estava determinado

---

[42] Organização cristã americana, cuja missão é colaborar com o Espírito Santo na proclamação do evangelho de Jesus Cristo ao maior número de pessoas possível, com o objetivo de ajudar a preservar os valores tradicionais e a instituição da família. [N. do T.]

a vencer seus problemas pessoais com a mesma intensidade e paixão que o ajudaram a ser bem-sucedido nos negócios. Ao contrário de algumas pessoas, ele admitia que sua violência contra a esposa e os filhos era inaceitável e que precisava encontrar um jeito melhor de lidar com sua raiva explosiva antes que fosse tarde demais.

Quando Frank e eu começamos a investigar o motivo de sua raiva, ficou claro que resultava de uma ira mal resolvida guardada por ele contra seu pai, um homem também violento. Sua raiva e seu desprezo eram tão intensos que, quando sugeri que ele precisava perdoar o pai para ser libertado, sua resposta foi enfática: "Se você fosse meu pai, e eu tivesse uma faca, o golpearia mil vezes com ela, e ainda não seria o suficiente!".

Durante nossas duas primeiras sessões de aconselhamento, quando sugeri o que deveria fazer, ele levantou-se e foi embora, sem dizer se retornaria. Mais tarde, ligou para mim a fim de marcar outra sessão. Durante a terceira sessão, não mudei de assunto nem amenizei o tratamento, e finalmente ele estava pronto para recebê-lo. Ouviu e reagiu positivamente ao que precisava fazer para vencer e curar sua raiva. Entendeu que precisava ser um "agente de reconciliação" e seguir todos os passos do perdão. Incentivei-o a orar sobre o que ele precisava fazer para completar o processo da graça, construir uma ponte de amor e graça que o levaria a reconciliar-se com a esposa e os filhos.

Assim como qualquer pessoa que tenha problema com a raiva, Frank precisava aprender a lidar corretamente com o passado. Ele disse: "Ou eu acabo com a raiva, ou a raiva acaba comigo". A raiva pode controlar o comportamento, principalmente nos relacionamentos, de modo consciente ou inconsciente. No caso de Frank, foi de modo inconsciente; em sã consciência, a última coisa que ele queria era ofender a esposa e os filhos. A raiva é parecida com uma mola: você a aperta até certo ponto, e, quando a solta, ela pula fora de controle. Quando você aperta a raiva, ela se transforma em ressentimento, depois em amargura, depois em hostilidade e depois em ódio, explodindo o tempo todo. Quanto mais a raiva for reprimida e guardada, mais fora de controle ela estará quando for manifestada. E, quando a raiva não é enfrentada diariamente, pode resultar em depressão, comumente conhecida como "raiva introvertida". Precisamos fazer uma escolha: lidar com a raiva ou deixar que ela tome conta de nós.

Frank escolheu lidar com a raiva. Não queria mais dar uma oportunidade a Satanás nem deixar que o Sol se pusesse sem apaziguá-la (v. Efésios 4.26,27). Decidiu que precisava lidar com os problemas relativos ao pai. No caminho de casa, ele comprou um bastão de beisebol e dirigiu-se a uma área descampada, parando em uma pastagem. Desceu do carro e avistou uma árvore imensa que, em sua mente, passou a representar seu pai. Seguindo os passos 5 e 6 do processo do perdão, Frank bateu com o bastão na árvore para extravasar a raiva. Depois de extravasá-la, ele começou a construir uma ponte de amor e graça para perdoar o pai. Os ferimentos visíveis em sua mão foram prova do começo daquilo que não podia ser visto: a cura de seu coração cheio de escoriações.

A mudança no coração de Frank não se evidenciou imediatamente. Ele reconheceu que a raiva, a amargura e o ressentimento contra o pai estavam sendo dirigidos às pessoas que amava. Ele só se deu conta disso por meio da graça e do amor do Senhor Jesus Cristo e orou ao Senhor pedindo que o ajudasse a lidar com a raiva e a construir uma ponte de amor e graça para a reconciliação.

Semanas depois, Frank e sua família compareceram ao meu consultório. A esposa, Katrina, contou que o relacionamento entre eles havia sido restaurado graças à ponte de amor e graça construída por Deus na vida de Frank. Em razão da nova atitude do marido e da libertação que ele recebeu das mágoas do passado e da raiva reprimida, Katrina conseguiu perdoar Frank e aceitar a graça que o Senhor queria oferecer a ela e às crianças. A sessão terminou com o filhinho deles de 5 anos abraçando minhas pernas e dizendo: "Obrigado por ter me dado um novo papai".

A história de Mary e Rick

Mary e Rick eram um casal que começara a lutar recentemente com o problema da pornografia. Depois de dois anos de casados, eles entenderam precisar desesperadamente encontrar uma ponte de amor e graça que trouxesse reconciliação ao casamento.

A pornografia é um vício que se instala na vida de muitos homens — é uma fuga. Embora Mary e Rick pensassem manter um relacionamento sexual satisfatório, Rick foi atraído para o fundo dessa armadilha. Mary sentia desprezo e repulsa pelo vício de Rick. Acreditava que esse vício era semelhante a ter um relacionamento adúltero.

Finalmente, os dois decidiram buscar aconselhamento. Rick concluiu que seu envolvimento com a pornografia estava controlando sua mente, sua motivação e seu tempo. Agindo como um torniquete em seu coração e em sua mente, o vício logo expulsaria a vida espiritual de dentro dele. O Senhor adverte: "Acima de tudo, guarde o seu coração, pois dele depende toda a sua vida" (Provérbios 4.23).

Pelo fato de ser um cristão nascido de novo e diácono em sua igreja, Rick sentiu-se aliviado quando a esposa (que trabalhava com a juventude na mesma igreja) descobriu seu problema e o enfrentou. (De modo geral, sugerimos que as mulheres ataquem o problema enfrentando o marido e responsabilizando-o por suas ações, como Mary fez. No momento em que o segredo deixa de ser segredo, o poder do inimigo de subjugar o homem diminui, e o problema pode ser tratado de modo apropriado.)

Àquela altura, Rick entendeu ter um problema sério, precisar ser sincero com a esposa e pedir ajuda para reparar o estrago que causara ao casamento. Ele também precisava de graça, e sua esposa precisava oferecer-lhe aquela graça se quisesse que o relacionamento entre eles ficasse livre daquele vício devastador.

Mary ofereceu graça ao marido quando se dispôs a comparecer às sessões de aconselhamento e tentar saber se ela não teria contribuído para o vício do marido. Rick aceitou a graça ao assumir a culpa e não tentar transferi-la para a esposa. Assumiu toda a responsabilidade. Em razão dessa concessão mútua, eles se esforçaram para alcançar o objetivo comum de melhorar a intimidade sexual e, por conseguinte, o casamento.

Quando começou a entender a causa das inseguranças do marido e a origem de seu sofrimento, Mary teve mais facilidade de oferecer-lhe graça, perdão e amor incondicionais por meio do processo de cura. Isso se chama graça em ação.

Ricky merecia graça ou perdão? Não.

Mary dispôs-se a oferecê-los? Sim.

E o resultado? Cura para duas pessoas feridas e cura para o casamento delas. Diante da graça oferecida por Mary, Rick encontrou motivação e encorajamento para desejar ter um relacionamento mais profundo e íntimo com Deus e com a esposa.

Enquanto Rick seguia o guia de 12 passos de Jeová Rafá [O Senhor que cura] para vícios sexuais, o casal também se esforçou para construir pontes de amor e graça com base no autor da graça, Jesus (v. Tito 3.5). Essa ponte sólida de amor e graça criou uma plataforma por meio da qual eles puderam andar e conversar com segurança, compartilhar e descobrir as necessidades um do outro, buscando resolver problemas e conflitos enquanto aprendiam, amadureciam e mudavam juntos, tendo Cristo no centro. Apesar de estarem casados há menos de dois anos, o exercício de fé e graça realizado em parceria pelos dois demonstrou uma maturidade maior que a de muitos homens e mulheres casados há muito tempo e que comparecem ao meu consultório.

Ambos chegaram à conclusão de que haviam permitido que a raiva crescesse dentro deles em razão de problemas com os quais nunca lidaram com eficiência. Rick descobriu que a raiva contra seus pais que não lhe demonstravam amor, que brigavam muito e amavam pouco, foi tão reprimida que o levou a satisfazer-se temporariamente com o prazer do escapismo. A porta da armadilha da pornografia permitiu que Satanás entrasse, dominasse a situação e começasse a destruir aquilo que ele mais detesta: pessoas e relacionamentos. Deus, porém, tinha outro plano e, pelo poder do perdão e de sua graça, restaurou o casal e tornou Rick e Mary mais fortes que nunca.

Rick não tinha a intenção de magoar Mary, mas ela estava magoada. Observe que a obsessão de Rick de procurar estímulo sexual não tinha nada a ver com a esposa. Tinha a ver com a raiva reprimida dentro dele e precisava ser tratada com graça e perdão. Talvez você queira manter isso em mente quando voltar a ler os passos para perdoar os outros (v. diagrama VII, no capítulo 8) — às vezes, quando as pessoas nos ofendem, suas motivações não têm nada a ver conosco.

A história de Bruce

Bruce era alcoólatra. Ele e a esposa, Hilda, haviam tentado tudo para libertá-lo do vício, mas nada funcionara. Quando estava quase a ponto de desistir do marido e do casamento, Hilda recorreu a mim em busca de aconselhamento. Não tinha nenhuma esperança, mas sabia que precisava de ajuda. A ideia de que o marido também buscasse aconselhamento parecia improvável. A preocupação com os filhos foi o único motivador para que ela procurasse ajuda para manter o casamento.

Hilda compareceu a algumas sessões e começou a entender que ela era parte do problema, não a solução. Ao permitir a Bruce continuar no vício sem assumir responsabilidade por seus atos, Hilda facilitava a continuidade da situação. Um dia, Hilda reuniu coragem para abordar o problema diretamente com ele. Para espanto de Hilda, ele concordou em receber aconselhamento. Quando o casal, em companhia dos filhos, chegou ao meu consultório, Bruce contou que se sentia rejeitado desde o tempo de juventude.

Enquanto ele contava uma história após outra a respeito de rejeição, Hilda e os três meninos (dois gêmeos de 9 anos e um de 4 anos) ouviram atentamente. Viram um homenzarrão de mais de 130 quilos chorar como um bebê. O coração da esposa e dos filhos comoveu-se quando Bruce abriu-se emocionalmente a respeito de seu passado. A reação deles foi espontânea e extremamente significativa para Bruce.

Um dos gêmeos abraçou o pai, sentou-se no colo dele e disse: "Papai, eu amo muito você". O outro gêmeo seguiu o exemplo do irmão. Ao ver os irmãos sentados no colo do pai, um em cada perna, o caçula correu na direção de Bruce e posicionou-se entre eles. Abraçou o pescoço do pai e disse: "Rapaz, eu amo muito você, papai!".

Novamente as lágrimas começaram a descer pelo rosto de Bruce enquanto ele abraçava os três meninos. Hilda foi a última a esboçar reação. Ele nunca esquecerá as palavras dela.

— Querido — ela disse chorando de alegria —, você acaba de ver que todos nós o perdoamos e o amamos muito.

Que graça restauradora maravilhosa! Bruce necessitava de uma ponte de amor e graça para abrir a porta da restauração em sua vida. Ele começou a ver que sua família o amava muito e o aceitava. Reconheceu sua fuga para o álcool na idade adulta para encobrir a rejeição sofrida por ele na infância e juventude. Quando visualizou o que estava perdendo na vida, ele assumiu um compromisso com Deus e com a família de nunca mais tomar uma gota sequer de bebida alcoólica.

É muito comum a pessoa recorrer ao álcool ou a outro vício para fugir de alguma coisa da qual ela tem medo. Muitas vezes, é o medo de não ser amada ou aceita, de não estar à altura dos padrões dos outros ou de ser rejeitada.

Satanás aproveita-se disso para nos enganar porque a fuga provoca aquilo que mais tememos — a rejeição.

Alguns meses depois do término do tratamento, Bruce telefonou com voz entusiasmada. Queria que eu soubesse que ele estava feliz da vida. A família havia saído de férias pela primeira vez, estava participando de um campeonato de beisebol e explodindo de alegria. Ele se tornara abstêmio e, acima de tudo, não tinha nenhum desejo de ingerir bebida alcoólica. Estava muito agradecido a Deus por tê-lo libertado do alcoolismo e o levado a unir-se à esposa e aos filhos. Foram suas palavras: "Puxa, eu não sabia que a vida podia ser tão maravilhosa!".

A graça restauradora de Deus libertou Bruce e sua família da grande fuga para o álcool e capacitou-os a construir uma ponte de amor e graça. Eles aprenderam a comunicar-se melhor entre si e a resolver os problemas e conflitos da vida.

Este é um resumo dos passos para construir pontes de graça e amor a para reconciliação:

1. Reconheça que o problema existe. Reações típicas e inapropriadas diante da vida resultam em relacionamentos tensos, problemáticos, violentos e, às vezes, provocam separações. Essas reações incluem vícios ligados a sexo, drogas e álcool, alimentos, trabalho e jogos de azar. O processo é demorado.
2. Informe à sua família ou à parte ofendida sobre seu plano de ação para buscar aconselhamento de uma pessoa cristã e qualificada para resolver o problema.
3. Descubra a origem de seu problema e enfrente-o (por exemplo, raiva em razão de

violência na infância, vício para encobrir inseguranças e sentimento de inferioridade, dificuldade em perdoar, e assim por diante).

4. Entenda a total aceitação do amor de Deus por meio de Jesus Cristo e sua graça para você em cada passo do processo de restauração e aproprie-se desse amor e dessa graça.
5. Perdoe, perdoe, perdoe tudo por meio da maravilhosa e extraordinária graça de Jesus, por meio da qual podemos construir uma ponte de amor e graça.

Quero mais uma vez repetir as seis frases restauradoras e incentivar você a torná-las parte de sua vida: "Eu estava errado", "Você estava certo", "Sinto muito", "Eu o perdoo", "Por favor, perdoe-me" e "Eu amo você". Esperamos que, na continuação da leitura deste livro, você retenha na mente o processo da graça que restaura.

Avivamento de reconciliação

No final de um seminário na igreja sobre a graça restauradora que cura corações feridos, o pastor apresentou-se diante dos participantes e disse: "Há seis pessoas que preciso perdoar e de quem preciso receber o perdão". Em seguida, o pastor ajoelhou-se diante de cada uma das seis pessoas (todas presentes) e pediu perdão pela raiva que sentia no coração por elas. Depois, perdoou cada uma pelo fato que desencadeou sua raiva. Imagine o que aconteceu quando essa ponte de amor e graça foi construída bem no meio do templo durante o seminário sobre a graça que restaura!

Todos os olhos encheram-se de lágrimas. As pessoas estavam cheias de remorso e arrependimento, e o que aconteceu a seguir foi um avivamento de reconciliação impulsionado pelo Espírito Santo. Houve abraços entre maridos e esposas, entre pais e filhos e entre os membros da igreja, além de beijos, lágrimas e derramamento do coração, quando o Espírito Santo moveu as pessoas presentes a perdoar umas às outras.

A verdadeira graça de Deus transbordou para que houvesse reconciliação. Foi uma experiência jamais vista em uma igreja.

Isso pode ter sido um prelúdio do que Deus deseja para o Corpo de Cristo, sua Igreja? Poder ter sido a graça que nos salvou e que agora trabalha em nosso relacionamento com outros irmãos e irmãs em Cristo? Pode ter sido essa a razão de as epístolas do Novo Testamento quase sempre começarem e terminarem com a palavra "graça"?

Pense um pouco. Como o nosso mundo seria se a graça do Senhor Jesus se multiplicasse nas igrejas, entre os casais e nas famílias, como ocorreu naquela noite? Será que haveria tantas divisões nas igrejas, tantas transferências de uma igreja para outra, tantos divórcios, tantas contendas familiares, tanta intolerância, tantos crimes ou tantas discriminações? Como o mundo seria se os cristãos pusessem realmente em prática na vida os ensinamentos bíblicos? Sem sombra de dúvida, as outras pessoas veriam que Cristo faz a diferença e que, mesmo quando somos perdoados, devemos também perdoar. Nenhuma outra religião no mundo tem o que o cristianismo oferece. Temos um Salvador, Jesus Cristo, que nos salva do pecado pela graça e, por meio desse mesmo processo, ele salva nosso casamento, nossa família e nossa congregação, curando-nos das feridas e rejeições do passado e do presente.

Da mesma forma que Deus estendeu a mão e construiu para nós uma ponte de amor e graça para nos reconciliar com ele por meio de Jesus, também podemos estender a mão uns aos outros nessa mesma graça para nos reconciliarmos com quem nos ofendeu. É em torno disso que gira a construção de pontes de amor e graça. Significa apropriar-se da graça restauradora em todos os nossos relacionamentos — passados ou presentes, com pessoas mortas ou vivas. Quando construímos essa ponte, podemos nos reconciliar uns com os outros e receber cura para nosso passado. Esquecemos o que ficou para trás e olhamos para o que está diante de nós. Filipenses 3.13,14 diz: "Irmãos, não penso que eu mesmo já o tenha alcançado, mas uma coisa faço: esquecendo-me das coisas que ficaram para trás e avançando para as que estão adiante, prossigo para o alvo [...]".

Capítulo 10

Preparando-nos para o retorno do Rei

O senhor dos anéis, escrito por J. R. R. Tolkien, foi publicado em 20 de outubro de 1955. Tolkien foi contemporâneo do apologista e autor cristão C. S. Lewis. Essa trilogia que já emocionou milhões de pessoas concentra-se em uma terra do faz de conta chamada Terra-Média e seus habitantes míticos, que exibem o espectro de características humanas, desde engodos e traição até bravura e atos de abnegação.

No último livro da trilogia, intitulado *O retorno do rei*, Aragorn, o rei de Gondor, retorna a seu legítimo trono quando a Terra-Média é salva da devastação provocada pelo povo de Mordor. Essa história popular é recheada de alegorias fascinantes e lendas imaginárias e descritivas, algumas das quais se assemelham ao retorno de nosso Rei, Jesus Cristo. Aragorn é um homem obstinado e bonito, que comanda com serenidade e calma o respeito e a lealdade de suas tropas. Nunca faz concessões e sempre lidera por meio de exemplo e atos de abnegação.

Em alguns aspectos, ele se assemelha a Jesus Cristo, o Rei de nossa fé. Jesus sacrificou-se na cruz. Dedicou-se a atender às necessidades do povo: "Pois nem mesmo o Filho do homem veio para ser servido, mas para servir e dar a sua vida em resgate por muitos" (Marcos 10.45).

No entanto, ao contrário de Aragorn, Jesus é um Rei que enfrentou uma batalha que só ele poderia lutar, vencer e compartilhar com outras pessoas. Ele não lutou para conquistar a Terra-Média, mas para conquistar a Terra toda e o povo que nela habita. Só Jesus pôde tornar-se sacrifício por nossos pecados graças à sua obra redentora que alcança o mundo inteiro.

Você e eu enfrentamos muitas batalhas neste mundo, e Satanás tenta derrotar-nos, limitar nossa influência e roubar-nos a alegria. Ele tenta impedir-nos de experimentar a plenitude da vida. Entretanto, a guerra foi vencida, e Jesus a consumou! Ele é o Rei e Senhor de tudo. Tem poder e autoridade para fazer o que está em seu coração. *Nosso* Rei escolheu dar-nos o Reino (v. Lucas 12.32).

Sabemos que o Rei está vindo. Ele está voltando à terra como herdeiro legítimo do trono deste mundo. Sua volta é certa, embora ninguém saiba quando ela ocorrerá. Veja o que a Bíblia diz a esse respeito:

> "Como foi nos dias de Noé, assim também será na vinda do Filho do homem. Pois nos dias anteriores ao Dilúvio, o povo vivia comendo e bebendo, casando-se e dando-se em casamento, até o dia em que Noé entrou na arca; e eles nada perceberam, até que veio o Dilúvio e os levou a todos. Assim acontecerá na vinda do Filho do homem. Dois homens estarão no campo: um será levado e o outro deixado. Duas mulheres estarão trabalhando num moinho: uma será levada e a outra deixada. Portanto, vigiem, porque vocês não sabem em que dia virá o seu Senhor". (Mateus 24.37-42)
>
> O dia do Senhor, porém, virá como ladrão. Os céus desaparecerão com um grande estrondo, os elementos serão desfeitos pelo calor, e a terra, e tudo o que nela há, será desnudada. Visto que tudo será assim desfeito, que tipo de

> pessoas é necessário que vocês sejam? Vivam de maneira santa e piedosa [...]. (2Pedro 3.10,11)

A pergunta de Pedro é o ponto principal deste último capítulo do livro: "Que tipo de pessoa é necessário que você e eu sejamos em nossa conduta e relacionamentos? Como devemos ser enquanto aguardamos o retorno do Rei?".

O livro que você está lendo gira em torno da graça que restaura e de como essa graça pode curar pessoas com o coração ferido quando a aplicamos a nossos relacionamentos com cônjuge, filhos, pais, colegas de trabalho, e assim por diante. Dissemos que somos salvos *pela* graça e que devemos viver *pela* graça (v. Efésios 2.8,9; Colossenses 2.6,7). O dom da graça resulta em:

1. Salvação (v. João 3.16; Romanos 10.9).
2. Novo nascimento — nascer de novo (v. João 3.3-6).
3. Nova criação em Cristo (v. 2Coríntios 5.17).
4. Dom do Espírito Santo (v. Atos 2.38).
5. Ser filhos (ou filhas) adotados do Deus vivo (v. Romanos 8.14-16).
6. Ser co-herdeiros com Cristo (v. Romanos 8.17).
7. Vitória — ser mais que vencedores por meio de Jesus (v. Romanos 8.37; 1Coríntios 15.57).
8. Entregar o "eu" diariamente para ser crucificado com Jesus (v. Gálatas 2.20).

Devemos fazer uso da graça concedida por Deus de maneira coerente com nossa condição de filhos do Rei. Sua graça é maior que todos os nossos pecados e os pecados dos que nos ofenderam. Somos todos iguais. Não há nada que fizemos que Deus não possa perdoar e não há nada que alguém nos tenha feito que nos impeça de oferecer-lhe esse mesmo dom. É *assim* que nos devemos conduzir enquanto aguardamos o retorno de Jesus.

Albert lutava com a raiva e o rancor que lhe criavam problemas no trabalho e em seu relacionamento com os filhos, amigos e família agregada. Ele era cristão e líder de igreja, mas sentia que Deus o decepcionara ao permitir que sua esposa morresse de câncer, deixando-o com duas filhas adolescentes.

Albert achava que ele precisava de uma esposa, e suas filhas, de uma madrasta. Cerca de dezoito meses após a morte da esposa, ele começou a namorar uma mulher divorciada chamada Janice, que tinha dois filhos. Eles se davam bem, estavam se aproximando cada vez mais um do outro e as crianças tinham bom relacionamento umas com as outras. Tudo parecia estar indo bem quando, de repente, Janice desistiu de Albert. Disseram que ela estava saindo secretamente com outro homem, em ex-namorado.

Albert sentiu-se traído. Achou que ele e Janice se davam bem e estava pensando em casar-se com ela. A situação deixou-o arrasado e furioso. Ele começou a afastar-se da vida, dos filhos e do trabalho. Começou a faltar ao trabalho por causa da depressão. Em sua queda vertiginosa, ele finalmente se viu diante da possibilidade de perder o emprego caso não buscasse ajuda. Decidiu, então, procurar um conselheiro, algo que nunca lhe passara pela cabeça.

Ao descobrir que ainda sentia raiva em razão da morte da esposa, Albert cuidou em primeiro lugar de lidar com seu sofrimento. Começou a lidar com a mágoa e a dor e também com o fato de ter culpado Deus pela morte da esposa. Conseguiu resolver essa questão. Em seguida, perdoou os médicos que não puderam curá-la e perdoou também a esposa por ter partido, deixando-o sozinho com duas filhas adolescentes. Perdoou também a si mesmo por não ter sido o pai que deveria ser. Albert sabia que devia passar mais tempo com as filhas em vez de encontrar uma substituta para a mãe delas. Admitiu ter sido a esposa mais importante que ele para as filhas, mas raciocinou ser isso de esperar, uma vez que ambas eram meninas.

Albert passou por todo o processo da graça restauradora e perdoou a esposa, mas continuou a sentir raiva e ressentimento de Janice. Finalmente, depois de vários meses, ele concluiu que também precisava perdoá-la. Voltou a frequentar a igreja com as filhas e ouviu uma série de sermões do pastor a respeito do perdão. Sentiu que Deus estava falando com ele, portanto começou a esforçar-se para perdoar Janice e o outro homem.

Ele se lembrou da pergunta: "O que Jesus faria em meu lugar?", e convenceu-se da necessidade de perdoar Janice. Quando ele estendeu a graça de Deus a ela, a sensação foi a de ter desaparecido uma nuvem negra dentro dele. Pela primeira vez em anos, Albert viu o brilho de Cristo. Deus lhe restituiu a alegria e a paz. Ele se aproximou das filhas. Tornou-se um homem diferente.

Por meio de Jesus, Albert recebeu a graça de Deus e também foi capaz de transmitir essa graça a outras pessoas, incluindo suas filhas e Janice. Albert descobriu o que poderia fazer se permitisse que Jesus fosse o Senhor absoluto de sua vida.

O que Jesus disse a Albert? "Muito bem, meu servo fiel. Você foi capaz de pôr a graça em ação em sua vida, por isso nela a graça continuará a transbordar e abençoar você e todos à sua volta. Receba a alegria da salvação e aguarde o que tenho preparado para você" (v. Mateus 25). Deus deseja ser misericordioso conosco e tem compaixão de nós. A Bíblia diz: "Ó povo de Sião, que mora em Jerusalém, você não vai chorar mais. Como ele será bondoso quando você clamar por socorro! Assim que ele ouvir, lhe responderá" (Isaías 30.19).

Deus está esperando por você da mesma forma que você está esperando por ele. É você quem deve dar o primeiro passo.

Será que Jesus recompensará aqueles que multiplicaram o dom da graça para curar e reconciliar casamentos, famílias, irmãos na igreja e outros relacionamentos? O que Jesus fará quando encontrar aqueles que receberam o dom da graça, mas não ofereceram essa graça às pessoas de seu relacionamento? Trata-se de uma questão a ser considerada.

Não é tarde demais! Hoje mesmo você pode oferecer esse dom da graça para curar e reconciliar seu casamento, família e outros relacionamentos. Pode fazer o que Deus pediu a você — perdoar — e deixar o resto a cargo da obra do Espírito Santo na vida das outras pessoas, por meio de Jesus como Senhor, para curar e reconciliar todos os relacionamentos mantidos por elas, principalmente o que elas têm conservado com você.

Portanto, perguntamos mais uma vez: O que Jesus encontrará quando voltar? Ele está vindo e talvez brevemente. Muitos cristãos acreditam estarmos vivendo nossos últimos dias. Você recebeu gratuitamente o dom da graça por meio de Jesus. Agora, por meio de Jesus, como Senhor de sua vida, você poderá oferecer gratuitamente essa mesma graça. O mais espantoso de tudo é que, quanto mais oferecemos graça, mais dela recebemos.

Deus deseja dar-nos toda boa dádiva e todo dom perfeito. Isso é admirável. O maior dom de todos é Jesus e sua maravilhosa graça. Por meio de Jesus Cristo você pode:

1. Oferecer de modo gratuito essa graça que recebeu também gratuitamente; portanto, todos os seus relacionamentos do passado e do presente, com pessoas mortas ou vivas, poderão ser curados.
2. Ser curado das mágoas, decepções e rejeições do passado e do presente, infligidas por outras pessoas; ser curado da ira, da amargura, do ressentimento e da dificuldade em perdoar, quando oferecer o mesmo dom da graça aos outros.
3. Seguir os passos práticos descritos nos capítulos anteriores e receber graça para curar todas as mágoas que outras pessoas causaram a você e também as mágoas que você causou a elas.
4. Permitir que a graça de Deus transborde em sua vida para perdoar a si mesmo. Deus quer que você receba o dom da graça que ele oferece, para que você seja abençoado e torne-se uma bênção para as outras pessoas. Dessa forma, seus relacionamentos poderão ser como Deus planejou que fossem, para que seu amor transborde em sua vida.
5. Expressar as seis frases restauradoras de relacionamentos: "Eu estava errado", "Você estava certo", "Sinto muito", "Eu o perdoo", "Por favor, perdoe-me" e "Eu amo você".

Lembre-se: você tem uma esperança sagrada: "Que o Deus da esperança os encha de toda alegria e paz, por sua confiança nele, para que vocês transbordem de esperança, pelo poder do Espírito Santo" (Romanos 15.13). Agradecemos a Deus porque nós, seus filhos adotivos, fomos libertados pela sua graça para viver para sua glória e louvor. Será que é por isso que Deus nos salva?

Nossa oração é que, quando o Rei voltar, encontre você com saúde, incólume e vivendo em graça, ministrando a graça que restaura a este mundo ferido. Um dia, fomos pessoas feridas; hoje estamos curados. Um dia, fomos pessoas culpadas; hoje somos perdoados. Um dia, estávamos perdidos e com medo, irados e vazios, envergonhados e aprisionados; agora fomos encontrados, abastecidos e *libertados* pela graça de Deus, por meio de Jesus Cristo.

Que a alegria de Jesus Cristo se complete em você, que seu amor se aperfeiçoe em você e que sua graça restauradora seja apropriada e praticada por você todos os dias, pelo resto de sua vida.

Ore conosco:

Senhor Jesus, obrigado porque perdoaste todos os meus pecados.
Obrigado porque levaste toda a minha culpa e vergonha,
raiva e amargura,
tristeza e rejeição, e as pregaste contigo na cruz.
Obrigado porque morreste para me dar nova vida.
Obrigado porque ressuscitaste para que eu pudesse ter vida eterna contigo.
Obrigado pelo dom gratuito de tua graça,
a graça que me curou e me libertou.

Obrigado porque me capacitaste para oferecer
essa graça aos outros.
Obrigado porque, em tua força, posso perdoar
sinceramente todos aqueles
que me magoaram, ofenderam e decepcionaram.
Posso amar todas as pessoas que usaram de
violência comigo.
Posso tratar meu cônjuge, minha família,
meus amigos,
meus colegas de trabalho e as outras pessoas
com respeito e bondade, por causa de tua
graça restauradora
trabalhando dentro de mim.
Obrigado pela graça de perdoar a mim mesmo.
Por causa de teu perdão, amor e aceitação,
posso fazer o mesmo.
Obrigado porque me livraste de um espírito
crítico e negativo
e porque interrompeste os vídeos negativos de
medo, arrependimento,
fracasso e ressentimento
que sempre se reproduziam em minha mente.
Obrigado porque transformaste minha mente
por meio de tua Palavra.
Obrigado porque curaste meu coração.
Obrigado porque curaste
meus relacionamentos.
Obrigado pelo futuro brilhante que vejo
diante de mim.
Eu te amo, Senhor Jesus.
Oro em tem nome, o nome que está acima de
todos os nomes.
Amém.

Esta obra foi composta em *Palatino LT Std*
e *Cantoria MT Std* e impressa por Imprensa da Fé
sobre papel *Offset* 70 g/m^2 para Editora Vida.